Historia Iuris Civilis Romani ac Germanici

Johann Gottlieb Heineccius

HISTORIA IURIS CIVILIS ROMANI AC GERMANICI

Nachdruck der zweiten, überarbeiteten Auflage
Halle an der Saale 1740

mit einem Nachwort herausgegeben von
Hiram Kümper

Band 2: Deutsche

Verlag Traugott Bautz

Bibliografische Information Der Deutschen Bibliothek
Die Deutsche Bibliothek verzeichnet diese Publikation in der Deutschen Nationalbibliografie; detaillierte bibliografische Daten sind im Internet über http://dnb.ddb.de abrufbar.

Verlag Traugott Bautz GmbH 99734 Nordhausen 2005
ISBN 3-88309-336-X

HISTORIA IVRIS.

LIBER II.

DE ORIGINE ET PROGRESSV IVRIS GERMANICI.

CAP. I.

DE IVRE GERMANICO ANTE CAROLI M. IMPERIVM.

§. I.

Quum commune id eſſet Germanis cum gentibus reliquis antiquiſſimis, vt diutiſſime & ſaltim ad ſaeculum Chriſtianum quartum litteris ac ſcriptura carerent *: facile patet, eosdem, vti alias gentes, initio legibus quoque ac iure ſcripto caruiſſe. Germani veteres legibus ſcriptis caruerunt.

* Eo enim ſaeculo litteras inter Gothos primus inuenit Vlphilas, eorum epiſcopus, auctor verſionis Gothicae ſacri codicis. Socrat. *Hiſt. Eccleſ. V*, 33. Philoſtorg. *Hiſt. Eccleſ. II*, 5. vbi hic de iſto Vlphila: Καὶ γραμμάτων τοῖς Γότθοις οἰκείων εὑρετὴς καταστὰς, μετέφρασεν εἰς τὴν αὐτῶν φωνὴν τὰς γραφὰς ἁπάσας. *Proprias Gothis litteras excogitauit, & vniuerſos ſacrae ſcripturae libros patrio ipſorum ſermone interpretatus eſt.* Quo inuento non fuiſſet opus, ſi iam antea Germani litteras habuiſſent. Verſionem enim illam vere Germanicam eſſe, res ipſa docet: & vere ſcripſit Walafridus Strabus *Rer. Eccleſ. Cap. VII. Gothi, qui & Getae, eo tempo-*

re, quo ad fidem Christi perducti sunt, in Graecorum prouinciis commorantes, nostrum, id est, Theotiscum sermonem habuerunt. Quae ex Tacit. *Annal. II*, 63. *&* 88. obiiciunt de epistolis a Germanis ad Romanos missis, ea de lingua & scriptura Latina intelligenda videntur, quam eorum nonnulli diuturna cum Romanis consuetudine procul dubio addidicerant, quemadmodum Graecas litteras ex consuetudine cum Massiliensibus addidicerant quidam Galli. Strabo *Lib. VI.* Caes. *de Bell. Gall. VI*, 14. *& I*, 10. Sed &, quae de Runicae litteraturae antiquitate iactantur, plane incerta sunt, multoque incertius, an ea in Germania vmquam nota fuerit.

§. II.

Habuere tamen suos mores & consuetudines.

Nihilominus tamen maioribus nostris sui erant mores ac consuetudines, tum communes omnibus, tum vni vel alteri genti propriae, quarum multas cum cura descripserunt Caesar *de Bello Gallico VI*, 21. *sequ.* & Tacitus libello *de moribus Germanorum* singulari, ex quibus locis prolixum recensum instituit Melch. Goldastus *in Collectione Legum & consuetudinum Imperii*, edita Francof. 1613. & 1674. Harum vero consuetudinum patriarum eo sanctior ad posteros manebat custodia, quo minus ipsa natio vllis exterorum commerciis connubiisue infecta esset *. Tacit. *de Morib. Germ. Cap. IV.*

* Adeo, vt quidam nec aditum exteris ad se concederent, nec vina aliasque merces ad se importari paterentur, ceu de Neruiis & Sueuis narrat Caesar *de bell. Gall. Lib. II. Cap.* 15. *& Lib. IV. Cap.* 2. Tales vero gentes moris

patrii ſeruantiſſimae eſſe ſolent, ceu Hebraeorum, Scytharum & olim Sinenſium exemplis luculenter poteſt demonſtrari.

§. III.

Tales conſuetudines ſunt quam plurimae, a Tacito, Caeſare & aliis auctoribus veteribus recenſitae, veluti, quod longa eſſet Germanorum pueritia, longa impubertas, & ſera iuuenum Venus: Caeſ. *de Bell. Gall. VI*, 21. Pompon. Mela *de Situ Orb. III*, 3. Tacit. *Cap. XX.* quod liberi cum matre miniſteria domeſtica obirent: Tacit. *Cap. XXV.* ipſique filii, non niſi acceptis ſollemniter armis, pars reipublicae haberentur: Tacit. *Cap. XIII.* quod dotem non vxor marito, ſed vxori maritus offerret, conſentientibus parentibus & propinquis: Tacit. *Cap. XVIII.* quod arma aliaeque res expeditoriae ad filios & nepotes transmitterentur: alioquin ſui cuique heredes eſſent liberi, fratres, patrui, auunculi, nullumque ibi teſtamentum *: Tacit. *de Morib. Germ. Cap. XVIII.* quod auunculi ſororum liberis loco parentis eſſent, ſanctiſſimaque ea neceſſitudo haberetur. Id. *Cap. XX.* Earum quaedam exempla.

* Verba haec Taciti quidam ita interpretati ſunt, vt non in vniuerſum teſtamenta ignoraſſe Germanos exiſtimarint, ſed eo ſaltim caſu, ſi liberi non eſſent, teſtamentis locum non fuiſſe contenderint. Sed hunc ſenſum nec verba Taciti, nec mores Germanorum, quippe ἀναλφαβήτων admittere, alibi docuimus ex inſtituto. Vid. *Diſſ. noſtr. de teſtam. fact. apud Germanos maxime reſtricta.* §. *VIIII.* & in *Elem. iur. Germ. Lib. II. tit. VI.* §. 3. *p.* 473. *Tomo I.*

§. IV.

Alia eiusdem generis.

Eiusdem generis sunt, quae veteres referunt de statu seruorum libertinorumque: Tacit. *Cap. XXV.* de feueritate maritorum in sponsas & vxores impudicas: Tacit. *Cap XIX.* Procop. *de Bello Goth. Lib. IV.* de consultationibus plerisque inter pocula susceptis: Tacit. *Cap. XXII.* de insigni promittentium ac colludentium fide: Tacit. *Cap XXIV. Annal. XIII*, 54. de inimicitiis a tota familia susceptis, Tacit. *Cap. XXI.* & manu potius, quam iure, finitis: Pompon. Mela *de Situ Orb. III*, 3. Vellei. *II*, 118. de homicidiis mulcta; aliis criminibus morte expiatis: Tacit. *Cap. XII. & XXI.* de mulcta pro parte regi vel ciuitati, pro parte ipsi, qui vindicabatur, vel propinquis eius exsoluta: Tacit. *Cap. XII.* de hospitalitate mira & paene promiscua: Tacit. *Cap. XXI.* Caes. *de Bello Gall. VI*, 21. Pomp. Mela *III*, 3. de tributis pro munere datis: Tacit. *Cap. XV.* de numero non dierum, sed noctium computato: Tacit. *Cap. XI.* Caes. *de Bell. Gall. VI*, 18. & quae sunt eiusdem generis alia *.

* Quo & feuda refert Ge. Ad. Struuius *in Syntagm. iur. feud. I*, 3, 3. ob ea, quae de principum comitibus eorumque insigni fide refert Tacit. *de Morib. Germ. Cap. XIV.* Quod quamuis ridiculum videatur clarissimo Dietmaro *in not. p.* 87. argumenta tamen, quae ei sententiae opponit, non infringunt hanc Struuii doctrinam, tantum abest, vt ridiculam illam esse demonstrent. An enim apud Germanos viri principes, quia non erant territorii domini, sed in conciliis electi, non potuere habe-

re vasallos? an necessario requiritur superioritas territorialis, ager, & sedes domini fixa, si quis vasallum habere velit? Et quid aliud sunt illi comites, *Gesellen*, *Waeseln*, quam *vasalli*, maxime quum Tacitus de eorum fide in dominos, & de stipendiis, pro seruitio militari datis, diserte testetur? Nihil ergo impedit, quo minus feudorum stamina cum Struuio iam apud Tacitum quaeramus.

§. V.

Sed quemadmodum pleraeque hae consuetudines Germanis omnibus communes erant: ita dubitari nequit, quin & singulae gentes quasdam habuerint, sibi proprias, ac peculiares, quarum vel vnicum exemplum adferre iuuabit ex Tacito *Cap. XXXII.* vbi de Tencteris: *Inter familiam & penates, & iura successionum equi traduntur. excipit filius, non vt cetera maximus natu, sed prout ferox bello & melior.* Quem locum ad consuetudinem res expeditorias * ad filios vel agnatos transmittendi pertinere, interpretes plerique obseruant. Singulae etiam gentes suos mores speciales habebant.

* Equus & hodie inter res expeditorias est, iis locis, vbi illae filiis cedunt. Quemadmodum vero filius natu maximus in Saxonia praecipuum habet gladium. *Ius prou. Sax. Lib. II. Art. 22. Ius prou. Sueu. Cap. CCLXIV.* ita Tencteri praecipuum capi volebant equum, non quidem a filio natu maximo, sed fortissimo.

§. VI.

Sed a Taciti temporibus ad saeculum vsque quintum, magna facta est rerum conuersio, migrationeque tot gentium frequentissima effectum est, vt gentes potentissimae, GOTHI, Gentium Germanicarum aliae in Germania subsliterunt, aliae alio migrarunt.

VANDALI, BVRGVNDIONES, SVEVI, FRANCI, ANGLI, praestantissimis Romanorum prouinciis infusae, regna ibi amplissima conderent: vacuas vero eorum sedes gentes antea parum notae, ALAMANNI, BOII, SAXONES, THVRINGI occuparent, totamque Germaniam magnam inter se partirentur, nisi quod ad orientem VENEDI, gens Sarmatica*, magnam Germaniae partem inter mare Balthicum & Alpes sub suam redegerunt potestatem.

* Non VANDALI, gens vere Germanica, quamuis vocabuli sono non multum a VENEDIS differant. Hinc iam pridem explosus est Alb. Cranzii error, Vandalos & Venedos vbique confundentis. Illi relicta Germania in Hispaniam, atque inde in Africam, migrauerant, regnaque ibi potentissima condiderant. Hi vacuas eorum sedes occupabant, & imperii sui fines paullatim ita proferebant, vt ad Albim & Salam omnia, & in superiore Germaniae parte Silesiam, Morauiam, Boemiam, partem Austriae, Carinthiae, Stiriae & Carniolae sub suam redigerent potestatem.

§. VII.

Illae iure scripto; hae non scripto vsae sunt.

Quae in vetere patria substiterant gentes, eae, si a Francis discesseris, iure consuetudinario porro vixerunt, nec de iis scribendis, quamdiu sui iuris mansere, cogitarunt*: quum contra populi, qui extra Germaniam sedes quaesiuerant, adquisita sibi aliqua Latine loquendi scribendique facultate, paullo citius iura sua litteris consignarint. Vt adeo ab eo tempore gentium Germanicarum quasdam

IVRE SCRIPTO, quasdam NON SCRIPTO vſas eſſe, animaduertamus.

* Exceptis Francis. Legis enim Salicae patriam in ipſa Germania magna eſſe quaerendam, eamque prius litteris conſignatam quam Franci Rhenum transirent, plerique recte exiſtimant, ex eoque colligunt, legem illam antiquiſſimam primum Germanice ſcriptam fuiſſe, cuius authentici Germanici reliquias eſſe gloſſas Malbergicas exiſtimat Cl. Wachterus *in Gloſſar. Tom. II. p.* 348. Sed quum Salii iam inde ab antiquiſſimis vsque temporibus notitiam aliquam Latinae linguae habuerint, teſte Venantio Fortunato *Lib. VI. Carm.* 4. & de lingua Francica adhuc ſuae aetatis conqueratur Odfridus Weiſſenburgenſis *in Euang. praef. p. II. edit. Schilt.* eam ſcribi vix poſſe: multo profecto veroſimilius eſt, legem quoque Salicam ſtatim initio Latine ſcriptam eſſe.

§. VIII.

Antiquiſſima tamen omnium videtur LEX SALICA, quae Salios, inter Ligerim & Carbonariam poſtea habitantes, obſtrinxit. Eam *dictaſſe* primum dicuntur proceres gentis, *Wiſogaſtus*, *Bodogaſtus*, *Salogaſtus*, & *Windogaſtus**, emendaſſe vero poſtea *Chlodouaeus*, *Childebertus*, *Chlotarius*, *Carolus M.* & *Ludouicus Pius*. Vid. *Praef. Leg. Salic. Lindenbrog. Cod. leg. p.* 346. *ſequ.* Baluz. *Tom. I. Capit. p.* 17. *p.* 387. 606. *Tom. II. p.* 1060. Ergo ſatis certum videtur, prima eius ſtamina in Germania magna ante Chlodouaeum ducta, eamque poſtea ſubinde variis additionibus auctam eſſe. Vnde diuerſiſſimae huius legis editiones, cum gloſſa Malbergica, & ſine ea, quas

Lex Salica.

accuratiſſime inter ſe contulit, & ex antiqua lingua Germanica illuſtrauit Ge. Eccardus, *Hanouerae* 1719. *fol.*

* Notum eſt doctorum de his hominibus locisque, vnde nomen tulerunt, certamen, quod noſtra memoria inter viros illuſtres Godofr. Guil. Leibnitium & Nic. Hier. Gundlingium aliquamdiu fuit. Sed coniecturae merae ſunt, quas vterque profert, nec certius quidquam dici poteſt, quam Legem Salicam initio ſaeculi V. circa annum CCCCXXII. vti Sigebert. Gemblac. *in Chron.* ad illum annum ſtatuit, in Germania Magna, & quidem, vt in *praefatione Corpori iuris Germanici praemiſſa* luculenter oſtendimus, in tractu, qui nunc Franconiae nomine venit, procerum ſuffragiis conditam, ac paullo poſt in ſcripturam redactam, poſtremo a Chlodouaco & ſucceſſoribus recognitam, variisque additionibus eſſe amplificatam.

§. IX.

Ripuaria. Non vna, ſed duabus, legibus vſos eſſe Francos, iam Eginard. *in Vit. Car. M. Cap. XXIX.* obſeruauit. Id vero non de duabus legis Salicae editionibus, quod Hermanno Conringio *de Orig. Iur. Germ. Cap. VII.* viſum, intelligendum, ſed de lege SALICA & RIPVARIORVM, a Ripuariis, qui inter Rhenum, Scaldim & Moſam conſederant*, dicta, quae etiamnum exſtat apud Baſ. Heroldum & Lindenbrogium, & paullo poſt Salicam condita, & a Theoderico, Chlodouaei filio, in ſcripturam redacta videtur, aucta poſtea a Dagoberto Rege. *Praef. Leg. Baiuwar.* apud Lindenbrog. *p.* 399. Baluz. *Tom. I p.* 989.

* Multo poſt tractus terrae haud exiguus ad Ruram nomen *pagi Ripuariorum* vel *Ribuariorum* retinuit, ceu cum ex aliis monimentis, tum ex *Traditionibus Werthinenſibus* a Leibnitio *T. I. Scriptor. Rer. Brunſu.* editis paret. De eo plura Auctor reuerendiſſimus *Prodromi Chronici Gotuicenſis Lib. IV. p.* 749.

§. X.

Initio faeculi quinti Burgundionibus, qui in Alpibus Graiis, Viennenſi prima, Lugdunenſi prima & quinta, prouinciis potiſſimum conſederant, leges ex procerum ſententiis dedit Gundobadus Rex, a quo & ipſa lex GVNDOBADAE nomen accepit. Gregor. Turon. *Hiſt. Franc. II, 33. Praef. Leg. Burgund. apud Lindenbr. p. 266.* Plura tamen adieciſſe videtur Sigismundus, cui ideo hae leges tribuuntur in Codicibus MSSC. Valuit ea & euerſo Burgundionum regno. Capit. Caroli M. *ann. DCCCXIII.* Quod odio religionis Arianae adeo momordit Agobardum *, vt ſingularem librum *aduerſus legem Gundobadi, & impia certamina, quae per eam geruntur*, ſcriberet, qui occurrit *Tom. II. Op. p.* 107. Burgundionum.

* At ea in re non erat, quod Burgundionibus exprobrarent Franci, quum hi impia iſta certamina non minus, quam Burgundiones probarent. Vid. *Capit. Lib. III. Cap.* 46. Si vero Agobardus generatim damnauit ſingularia iſta certamina: pie quidem & recte ſenſit, ſed non debuit ſibi ſolos Burgundiones eligere aduerſarios. Fatendum tamen eſt, Agobardum inter primos agnouiſſe certaminum illorum impietatem. Exſtat enim eius libellus *contra iudicia Dei ibid. p.* 301.

§. XI.

Ostrogothorum & Wisigothorum.

Ita & OSTROGOTHIS, qui in Italia regnarunt, EDICTVM ſatis prolixum primus propoſuit THEODORICVS, Rex, quod etiamnum exſtat apud Lindenbrog. *in Cod. leg. p. 239. ſequ.* quamuis & plura alia eiusdem generis Caſſiodorus *in Variis* ſeruarit, quae aeque, ac illud maius, non ius Gothorum ſincerum, ſed ex Romano iure vbique interpolatum, ſiſtunt*. Paullo plus priſci moris ineſt LEGIBVS WISIGOTHICIS, quas primum Euricus Rex anno erae Hiſpanicae DIV. id eſt anno Chriſti CCCCLXVI. ſcripſit, ſucceſſores vero, & in primis Legeuildus recognouit ac correxit, quum *antea tantum moribus & conſuetudine tenerentur.* Iſidor. *in Chron. Goth. ad ann.* 504. & 608. Lex ea primum locum occupat in Codice Lindenbrogiano: quamuis Codicem MSC. multo locupletiorem, & aliquando ab editione Lindenbrogiana diuerſum, ſeruet inſtructiſſima Illuſtris Cancellarii noſtri, IO. PETRI A LVDEWIG bibliotheca.

* V. C. Struuius *in Hiſt. Iur. V,* 4. *p.* 355. leges antiquiſſimas Gothorum memorare ait Iornandem *de Reb. Get. Cap. XI.* quarum auctor fuerit Diceneus aequalis L. Sullae philoſophus. *Hic enim,* inquit, *cernens Gothorum animos ſibi in omnibus obedire, & naturale eos habere ingenium, omnem paene philoſophiam eos inſtruxit, erat enim huius rei magiſter. Nam Ethicam eos erudiuit, vt barbaricos mores ab iis compeſceret: Phyſicam tradens, naturaliter* PROPRIIS LEGIBVS *viuere fecit, quas vsque nunc conſcriptas,* BELLAGINES *nuncu-*

pant. Logicam instruens, eos rationis supra ceteras gentes fecit expertos, cetera. Sed nemo non videt, BELLAGINES istas non fuisse leges politicas, quibus respublica regeretur, sed diaeteticas & physicas, ad quas Gothi in cibo, potuque & tota vitae ratione sese componerent. Et nescio sane, an non vocabulum istud sit a Germanico *Wohlbehagen*, Belg. *Welbehagen*, quod sanitatem vel commodam valetudinem significat, ad quam tuendam comparatae erant illae *bellagines*.

§. XII.

De SVEVORVM, qui in Hispania; nec non VANDALORVM, qui primum in Hispania, ac postea in Africa regnarunt, legibus nihil compertum habemus. At ANGLIORVM, qui in Britannia sibi nouas sedes imperiumque quaesiuerunt, & WERINORVM Lex antiqua, sed perbreuis, exstat, ab Heroldo, Lindenbrogio & Leibnitio edita, quamque facile patet, ante expeditionem Britannicam scriptam esse, si genuina est inscriptio, in qua Angli & Werini, tamquam vicini, iunguntur: quamuis plane dubitare liceat, an hae Angliorum, ac non potius Thuringorum leges sint. Conring. *de Orig. Iur. Germ. Cap. XIII.*

Angliorum & Werinorum.

§. XIII.

Et hae quidem sunt leges gentium, quae relicta Germania in cultioribus orbis Romani prouinciis consederunt. Quum vero plerumque Imperatorum Romanorum maiestatem comiter venerarentur, qui eas ibi regnare suis auspiciis patiebantur, quum expellere non

Cur gentes extra Germaniam ius Romanum non adspernatae sint?

possent*: haut mirum est, non modo ipsas illas gentes nonnulla ex iure Romano adsciuisse, sed & prouincialibus, quos quibusque locis repererant, leges Romanas permisisse.

* Ita ipsi FRANCI possessionem occupatae a se Galliae non satis stabilem existimabant, antequam tabulis ab Imperatore consignatis confirmaretur. Procop. *de Bell. Goth. III*, 33. auctorque est Gregor. Turon. *Hist. Franc. II*, 38. Chlodouaeum ab Anastasio Imperatore Consularia insignia impetrasse. Conf. Eccardi *praef. Orig. Habsburg.* Deinde ipsi Ostrogothorum Regum numi, in quibus Imperatorum Orientalium capita & tituli cusi sunt, satis indicant, Theodoricum, etsi non exspectata Zenonis Imp. iussione Regis Gothorum ac Romanorum titulum sumsisset, comiter tamen illius maiestatem veneratum, regnumque Italiae se clientelari tantum iure tenere, professum esse. Eccard. *Epist. de Num. quibusd. sub regimine Theodorici Gothor. reg. in honorem Imperatorum Zenonis & Anastasii cusis. Hanou.* 1720. 4*to*. Ill. a Ludewig *in Vit. Iustin. Cap. VIII.* §. 86. *p.* 404. Sed & Burgundiones sedes suas, teste Prospero Aquitanico *in Chron. ad ann. CCCCXLIII.* beneficio Valentiniani Imp. obtinuerant, quemadmodum & Wisigothos Honorius Imp. regnare passus erat in Gallia & parte Hispaniae, ea lege, *vt sua solatia Romanae reip. vbi vsus exigeret, non denegarent.* Iornand. *de Reb. Get. Cap. XXXII.* Quae quidem clientelarem nexum satis superque arguunt.

§. XIV.

Leges Germanorum passim ius

Ac primo quidem istas gentes ex diuturna illa cum Romanis consuetudine aliquid peregrini etiam circa leges attraxisse, tam certum eſt, quam quod certiſſimum. Quamuis enim de lege Wiſigothica non adſentiamur Cuiacio *ad* 2. *Feud. II.* ſcribenti, *in ea omnia fere eſſe petita ex iure civili:* multa tamen inde originem habere fatemur, in primis, quae conſtituta legimus de teſtamentis, *Leg. Wiſig. II*, 5, 12. nec non de peculio filiorum familias. *Lib. IV*, 5, 5. Eiusdem originis ſunt, quae de teſtamentis ſancit *Lex Burg. XLIII*, 1. & *Edictum Theoderici* §. *XXVIII. ſequ.* itemque, quae *eodem Edicto* §. *CXXXII.* de poſſeſſore nec titulum edente nec probante, §. *CXXXIII.* de muliere fideiubente, §. *CXXXVIII.* de re a duobus emta & vni tradita, nec non in *Lege Burgundica tit. LXXXVII*, 3. de reſtitutione minorum ante annum aetatis XXX, & *tit. LXXXVIII*, 2. de manumiſſionibus praecipiuntur. Vt iam non adcumulemus huius generis alia. Romanum redolent.

§. XV.

Deinde probe obſeruandum eſt, easdem gentes prouincialibus quasque ſuis legum Romanarum vſum conceſſiſſe. Fecerunt id ſane WISIGOTHI, quorum Rex, ALARICVS iunior anno Chriſti DVI. per Anianum Gothum, aliosque Eccleſiae ac reip. proceres, ex Codicibus Gregoriano, Hermogeniano, & Theodoſiano, nec non Paulli *Sententiis* & Caii *Inſtitutionibus* conficiendum curauit corpus iuris Romani, ſed vbique fere interpolatum. Vnde *Anianismos* innumeros in his fragmentis deprehenderunt eruditi. Cuiac. *Not. prior. ad* §. 34. *Inſt. de* Germanicae gentes prouincialibus ius Romanum conceſſerunt, veluti Wiſigothi.

rer. diuiſ. Iac. Gothofr. *Proleg. Cod. Theod. Cap. VI.* Baptiſta a Ieſu Chriſto *nou. vel vindic. iur. ciuil. Art. II.* Corn. van Bynkersh. *Obſ. V.* 13. Id paſſim vocatur CORPVS THEODOSIANVM, Baluz. *Tom. II. p.* 474. LEX ROMANA, Idem *Not. ad Capit. Tom. II. p.* 995. Car. du Fresne *Gloſſar. med. & inf. Lat. voce Lex Romana*, itemque BREVIARIVM ANIANI, *c.* 21. *cauſſ.* 2. *qu.* 6. Hiſtoriam huius corporis Alariciani dedit Iac. Gothofr. *in Proleg. Cod. Theod. Cap. V.* * cui addendum, vſum hunc iuris Romani ſaeculo ſeptimo in regno Gothico ſuſtuliſſe Childeswindum Regem, cuius ſeuera ea de re conſtitutio exſtat in *Leg. Wiſig. II*, 1, 9.

* Vbi etiam recte obſeruauit, Anianum non eſſe auctorem & compilatorem corporis iſtius Alariciani, ſed tantum auctoritati vel conſtitutioni Alarici regis, qua illud opus ratum habuit, idque in foris obſeruari iuſſit, ſubſcripſiſſe, tamquam ſcriniorum magiſtrum, vel cancellarium. Vnde procul dubio iniuria fit bono viro, dum omnes iuris Romani corruptelae *Anianismorum* nomine traducuntur, vti emblemata iuris Iuſtinianei Tribonianismos ab omnibus vocari animaduertimus.

§. XVI.

Oſtrogothi.

Idem inſtitutum multo magis ſeruabant OSTROGOTHI. Ipſe enim Theodoricus Rex in praefatione edictum ſuum valere iubet, *ſalua iuris publici reuerentia, & legibus omnibus cunctorum deuotione ſeruandis.* Et apud Caſſiod. *Variar. III*, 43. vſum iuris Romani diserte confirmat. Quin tanta erat regum illorum humanitas, vt arbitrium facerent subditis, qua quisque lege vivere vellet. Greg. Turon. *Hist. Franc. II*, 33. Cassiod. *Variar. I*, 1. *III*, 4.

§. XVII.

Eo exemplo BVRGVNDIONES quoque Romanos, in regno suo viuentes, iure suo vti patiebantur. Gundebald. *in Praef. Leg. Burg. apud Lindenbr. p.* 267. *Inter Romanos vero, sicuti a parentibus nostris statutum est, ROMANIS LEGIBVS praecipimus iudicari.* Hinc PAPIANVS quidam Aniani exemplo *librum RESPONSORVM* ex Codice Theodosiano, *Nouellis*que Theodosii & successorum, quin & ICtorum libris quibusdam compilauit, vt prouincialibus, qui lege Romana, quam Gundobada, viuere mallent, pro norma esset *. In eo *Responsorum* libro, quem V.C. Ant. Schultingius recusum dedit, eumdem ordinem esse seruatum, ac in lege Burgundica, obseruant Lindenbrog. *in Praef. Cod. Leg. Alam.* & Iac. Gothofr. *in Manual. Iur. Cap. II.* §. 11.

Burgundiones.

* Addo, librum illum *Responsorum* a Papiano ipsius Gundebaldi Regis iussu ac auspiciis videri confectum. Quum enim Rex ille Romanos Romanis legibus iussisset iudicari: statim subiicit *in dicta Praef. p.* 267. *Qui* (Romani) *FORMAM ET EXPOSITIONEM LEGVM conscriptam, qualiter iudicent, se nouerint ACCEPTVROS, vt per ignorantiam se nullus excuset.* Vbi manifesto promittit Corpus aliquod legum Romanorum, quod

quidem non aliud esse videtur, quam PAPIANI *Responsorum liber.*

§. XVIII.

Franci tum sub Chlodouaeo & Theodorico.

Denique & FRANCI, quamuis iure moribusque patriis viuerent, optionem tamen & ipsi dabant prouincialibus, suisne, an Romanis legibus, viuere vellent, quippe quas tum in Gallia vniuersa viguisse, testatur Agathias *de Bello Goth. Lib. I. p.* 7. Ita Chlotarius apud Baluz. *Tom. I. Capit. p.* 7. *caussas inter Romanos controuersas Romanis terminari legibus*, iussit. Sed & Theodoricus II. Rex iuris Romani tam studiosus fuit, vt Baronius *ad ann. CCCCLXVIII* per *leges Theodoricianas*, quarum meminit Sidon. Apollin. *Epist. II*, 1. intellexerit codicem quemdam legum Romanarum ab hoc rege exemplo Gothorum confectum. Quod quamuis falsum esse docuerit M. Ant. Dominicus *de praerog. allod. Cap. VI*, 2. * idem tamen eius amorem erga ius Romanum aliunde solide probat, in primis ex illis Sidon. *Carm. VII. v.* 495. vbi Auitum alloquitur Theodoricus:

——— *Mihi Romula dudum*
Per te iura placent.

* Immo Iac. Sirmond. *ad Sidon. p.* 25. ostendit, non intelligendas esse leges a Theodorico, Rege Francorum, sed a Theodorico, Gotho, latas, ac proinde refellit eos, qui ante Euricum nullas exstitisse Gothorum leges, existimant. Sed & alterum locum non ad Theodoricum Francum, sed Gothum pertinere facile lector intelligit.

§. XIX.

Tum ſub ſequentibus regibus.

Denique ſub Dagoberto adhuc ius ſecundum leges Romanas dictum eſſe, teſtis eſt Aimon. *in Hiſt. Dagob. IV*, 25. Exſtant etiam teſtamenta, tum ad normam iuris Rom. facta, quale eſt non modo S. Remigii apud Flodoard. *Hiſt. Rem. Eccleſ. I*, 18. & Hadoindi Cenomanenſis Ep. apud *eumdem II*, 5. ſed & Alredi, Abbatis, factum anno DLXXI. apud Mabillon. *Analect. Tom. II. p.* 48. qui & alibi *Annal. Bened. Tom. II. p.* 702. adfert diploma Murbacenſe Euerardi Comitis, in quo mentionem facit *donationis, a ſe nequaquam ciuiliter geſtis municipalibus alligatae*, id eſt, ad acta non inſinuatae. Quamuis vero non haberent peculiare aliquod iuris Romani ſyntagma: ſequebantur tamen Codicem Theodoſianum, cuius non ignari erant Francorum proceres, veluti Celſus patricius, quem *iuris lectione peritum*, & Andarchius, quem *legis Theodoſianae libris eruditum* celebrat Gregor. Turon. *Hiſt. Franc. IV*, 24. & 47. itemque Bonitus Aruernenſis Epiſcopus, quem circa annum DCL. *Theodoſii edoctum fuiſſe decretis*, ex MSca eius vita docet Iac. Gothofred. *Proleg. Cod. Theod. Cap. VII. p.* 196 *.

* Quin in vniuerſum teſtatur Sidon. Apollin. *Epiſt. II*, 1. iuuentutem Gallicanam, imperante Chlotario, Francorum Rege, *Codicis Theodoſiani ſtudio fuiſſe initiatam.* A multo enim tempore inoleuerat ibi mos, vt Romam confluerent, qui iuri ciuili dabant operam: eiusque rei exempla ſunt apud Conſtantium *in vita S. Germani Cap. I.* & Rutil. Numat.

Itin. I. v. 209. Celebrabatur enim tum Roma, tamquam *domicilium legum*, Sidon. Apoll. *Epist. I*, 6. ac proinde iuris ciuilis cultum inde petebant, quotquot ex prouincialibus ad ſapientiae iſtius laudem adſpirabant. Fr. Iuret. *ad Symmach. Epiſt. IX.* 83.

§. XX.

An & Angli?

Quid? quod & ANGLOS, quamuis Britanniam, iam a Romanis deſertam, occupaſſent, legum tamen Romanarum vſum, cui adſueti fuerint, Britannis prouincialibus relinquere non dubitaſſe, exiſtimat V. C. Io. Sam. Brunquell. *Hiſt. Iur. I*, 15, 19. Auctor enim eſt Beda Venerab. *Hiſt. Angl. II*, 5. Ethilbertum, Cantii Regem, *inter cetera bona, quae genti ſuae conſulendo contulerit, etiam decreta iudiciorum iuxta templa Romanorum cum conſilio ſapientum conſtituiſſe, quae conſcripta Anglorum ſermone hactenus habeantur, & obſeruentur ab ea.* Enimuero non leges Romanas recepit Ethilbertus, quas tunc ex Britannia plane exſulaſſe, obſeruat Selden. *in Diſſ. ad Flet. Cap. VII.* §. 1 ſed ſenſus eſt, primum illum regem Chriſtianum proprias Anglis leges tuliſſe*, & tanta quidem cum cura, vt exemplo Romanorum viros ſapientiſſimos in conſilium adhibuerit.

* Exſtant permultae Ethilberti iſtius leges etiamnum in G. Lambardi *Archaeonomia, edita Londin.* 1568. Sed eae nihil Romani redolent. Quin ipſe Beda ſtatim ſubiicit, Ethilbertum *in his* legibus *primitus poſuiſſe, qualiter is emendare deberet, qui aliquid rerum vel Eccleſiae, vel Epiſcopi, vel reliquorum ordinum furto au-*

ferret: obſeruatque Selden. *in Iano Angl. Lib. I.* §. 34. fures ex ea lege delictum numis luiſſe, ſi qui vero manum ſacris eſſent admoliti, iis manum praeciſam eſſe. Id quod ſane cum iure Romano nihil commune habet, magisque iuri Germanico concinnum videtur.

§. XXI.

Gentes quae in Germania ſubſtiterunt, legibus ſcriptis vti coeperunt tum ante Carolum M.

Talis erat ſtatus apud eas gentes, quae in prouinciis Romanis noua regna condiderant. Quod ad eas attinet, quae in Germania ſubſtiterant: eae pleraeque tum demum, quum in Francorum poteſtatem perueniſſent, ius ſcriptum habere coeperunt. *Theodericus* enim *Rex Francorum, quum eſſet Catalaunis, elegit viros ſapientes, qui in regno ſuo legibus antiquis eruditi erant. Ipſo autem dictante, iuſſit conſcribere legem Francorum, & Alamannorum, & Baiuuariorum, vnicuique genti, quae in eius poteſtate erat, ſecundum conſuetudinem ſuam. Addidit, quae addenda erant, & improuiſa & incompoſita renouauit, & quae erant ſecundum conſuetudinem paganorum, mutauit ſecundum legem Chriſtianorum. Et quidquid Theodericus Rex propter vetuſſimam paganorum conſuetudinem emendare non potuit, poſthaec Childebertus, Rex, inchoauit, ſed Chlotarius Rex perfecit. Haec omnia Dagobertus, Rex glorioſiſſimus, per viros illuſtres Claudium, Chadum, Indomagum & Agilulfum* renouauit, & omnia vetera legum in melius transtulit, & vnicuique genti ſcripta tradidit, quae vsque hodie perſeuerant.* Ita habet *Praef. Leg. Baiuuar. apud Lindenbr. p.*

* Qui inter hos viros illuſtres eſt AGILVLFVS proculdubio Boioarius fuit, & fortaſſis ipſe Boiorum Dux, qui & poſtea ſemper debuit eſſe ex Agilolfingicis. *Lex Baiuu. tit. II.* §. 20. Ergo probabile eſt Dagobertum ex ſingulis gentibus, quibus leges praeſcribebat, viros illuſtres, & iuris patrii gnaros in conſilium adhibuiſſe.

§. XXII.

Tum ſub eo.

Similia de Carolo M. memoriae prodidit Eginardus *in vita Car. Cap. XXIX. eum nimirum omnium nationum, quae ſub eius dominatu erant, iura, quae ſcripta non erant, deſcribi ac litteris mandari feciſſe.* Poëta vetus apud Leibnit. *Script. Brunsu. Tom. I. p.* 168.

Cunctorumque ſui regni leges populorum,
Collegit, plures inde libros faciens.

Talia etiam in *Annal. Francor.* apud Lambec. *Bibl. Vindeb. II, 5.* legimus, ex iisque ſimul obſeruamus, factum id a Carolo eſſe circa annum DCCCIV *.

* Hinc tot harum legum editiones diuerſiſſimae, quarum aliae prolixiores, aliae adſtrictiores ſunt. Immo quam ſui diſſimiles ſint, argumento ſunt tot variae lectiones, quas codici ſuo ſubiunxit Lindenbrogius, quarumque multo plures colligi poſſe, Ge. Eccardus legis Salicae & Ripuariorum; Lud. Ant. Muratorius Langobardicae exemplis docuerunt.

§. XXIII.

Lex Alamannorum.

Iam itaque facile patet, quae ſit origo LEGIS ALAMANNORVM *. Ea enim in Codicibus MSC. hunc titulum praefert; *Incipit LEX ALAMANNORVM, quae temporibus*

Chlotarii Regis vna cum principibus suis, id sunt XXXIII. Episcopis, & XXXIV. Ducibus, & LXXII. Comitibus, vel cetero populo, constituta est. Herold. *p.* 17. Lindenbrog. *p.* 363. Est ergo haec lex a Chlotario, & quidem, vt P. Daniel *Hist. Franc. Tom. I. p.* 306. recte suspicatur, secundo, quia tum Alamanni iam Ducibus suis paruerunt. Lex Alam. *tit. XXXI.* Interim facile largimur, Theodericum, Chlodouaei filium, prima eius stamina duxisse. Nec dubium est, quin successores plura addiderint, eaque caussa sit tantae exemplarium varietatis, de qua Lindenbrog. *p.* 1330. *sequ.* & Conring. *de Orig. Iur. Germ. Cap. IX. p.* 42.

* Doctissimus Nic. Hier. Gundlingius *Part. III. Gundling. Diss. II.* §. 16. statuit, Alamannorum a Chlodouaco oppressorum, prouinciam occupasse Francos victores, iisque datam esse *legem Salicam*, cui postea demum lex Alamannica successerit, quum a Francis paullo mitius haberentur. Sed veterum auctoritate destituitur haec sententia, nec aliud habet fundamentum, quam quod vir doctus quatuor pagos, *Salheim*, *Windheim*, *Bodenheim*, & *Wisenheim*, qui *Salogasto*, *Windogasto*, *Bodagasto* & *Wisogasto*, legis Salicae auctoribus, nomina dare potuerint, in tractu Wormatiensi, adeoque in Alemannia inuenisse sibi visus est. Conf. quae huic coniecturae opposuit Leibnit. *in Responsione sua* §. 45. *sequ.* quam ipse Gundl. edidit *Part. VI. Gundling. p.* 77. *sequ.*

§. XXIV.

Certior est LEGIS BAIVVARIORVM aetas: Quum enim Boioarii, Alamannorum Baiuuariorum.

clade perterriti primum Theodorico, Ostrogothorum in Italia Regi, eoque mortuo, Francis se dedissent: leges eorum, in scripturam redactas firmarunt primum Theodoricus, deinde Childebertus & Chlotarius, ac demum Dagobertus, Reges. *Praef. Leg. Baiuuar. p.* 399. At quum non armis victi, sed spontanea deditione in Francorum potestatem venissent, adeoque magna adhuc ducum e gente Agilolfingica esset auctoritas: non mirum profecto est, eos quoque leges tulisse subditis, in quibus est DECRETVM TASSILONIS *, legi isti Baiuuariorum subiunctum apud Lindenbrog. *p.* 439. & haut paullo auctius apud Gewold. *ad Hund. Metrop. Salisb. Tom. I. p.* 310. *sequ.*

* Sunt qui Thassilonem sibi id ius statuendi, vel nouas condendi leges ob regum Merouingicae stirpis impotentiam sumsisse existimant. Conring. *de orig. iur. Germ. Cap. IX.* Sed quantacumque fuerit regum impotentia, hanc audaciam saltim non tulissent maiores Domus, tanto potentiores. Probabilius ergo est, Ducatus Boiorum eam fuisse formulam, vt Duces pleraque iura, quae hodie ad superioritatem territorialem referuntur, iure suo in prouinciis explicarint, ac proinde & nouas leges, quas exigere videbatur reip. salus, ciuibus praescriberent.

§. XXV.

Frisiorum.

Incertae aetatis est LEX FRISICA, quippe quam alii a Theodorico; alii a Chlotario; alii a Dagoberto; alii denique a Carolo M. latam existimant. Conring. *de Orig. Iur. Germ.*

Cap. XIII. Sed quum Theoderico nondum paruerint Frisii, leges ipsae autem rudiores atque horridiores sint, quam quales felicius Caroli M. saeculum ferebat, quin in ipsis, quae postea accesserunt, additionibus sapientum, VVLEMARI & SAXMVNDI *Tit. XII*, 1. adhuc pagana legislatorum superstitio pelluceat: mihi quidem certissimum videtur, leges has scriptas esse, antequam gens Frisica Sacra Christiana susciperet *, quamuis deinde quaedam ad Christianum ritum detorsa videantur. Vid. *Addit. Vulemari Tit. I.* §. 1. Praeter Heroldum, & Lindenbrogium hanc legem non modo edidit, sed & notis vtilissimis illustrauit SIB. TEDARDVS SICCAMA, cuius libellum eleganter recusum debemus viro clarissimo, Car. Guil. Gaertnero, *Lips.* 1730. 4*to.*

* Id demum factum, quum a Carolo Martello victi in Francorum potestatem venissent. Sed quam aegre suaue istud Christi iugum subierint, vel ex *S. Ludgeri vita Lib. I. Cap.* 1. *sequ.* & S. Bonifacii certaminibus ac martyrio satis intelligitur. Non mirum igitur, tam cito non potuisse omnia superstitionis veteris vestigia tolli ex lege Frisica.

§. XXVI.

Interea LANGOBARDI quoque Italiam, Gothis vix a Iustiniano Imp. ereptam, circa annum Christi DLXVIII. occupauerant, ibique regnum constituerant potentissimum, quod praeter exarchatum Rauennatensem vniuersam paene Italiam complexum est. Ita- Langobardorum.

que & hic populus leges ſuas non modo in ſcripturam, verum etiam in iuſtum corpus redigere coepit, etiam poſt Caroli M. tempora, & exſtincto licet regno Langobardico, diutiſſime apud Italos valiturum. Sigon. *de Regno Ital. Lib. VIII. ad ann. MVII. p.* 188. quin etiamnum in quibusdam Italiae vrbibus valentem *, ſi fides habenda Iac. Spigelio & Melch. Goldaſto *apud* Conring. *de Orig. iur. Germ. Cap. XXII.*

* Hinc leges Langobardicas paſſim citant gloſſatores, Accurſius, Pileus, Conradus, Ioannes Teutonicus, quoties ius ſuorum temporum deſcribunt. Obſeruauit hoc Franc. Curtius iunior, ex eoque Goldaſtus *in prolegom. collection. conſuet. & legum Imperial.*

§. XXVII.

Legum Langobardicarum collectio & gloſſae.

Diximus has leges in corpus aliquod redactas. Nam quamuis non vnum agnoſcant auctorem, ſed partim a Rothare Rege anno DCXXXVII. partim a Grimoaldo, Luitprando, Ratchiſo, Aiſtulpho, quin & a Francicis ac Germanicis Imperatoribus, latae ſint: editiones tamen Lindenbrogiana, & pleraeque omnes, has leges ſiſtunt libris tribus, in certos titulos diſtributis. Quod a PETRO, Diacono Caſſinenſi, factum eſſe, plerique exiſtimant, quem Lotharii III. Imp. Logothetam, exceptorem & chartularium fuiſſe, ex *Chron. Caſſin. IV*, 125. patet. Gloſſas iuridicas in leges has Langobardicas ſcripſerunt CAROLVS COTTVS, ANDR. DE BARVTO, & IO. BAPT. NENNA. Duorum priorum nec non NIC. BOERII glossae * habentur in *Corpore iuris glossato Lugd. Sequan. apud Gabr. Carter. anno* 1600. 4. *Tom. vlt.*

* Eae quoque glossae argumento sunt, eorum auctorum temporibus extra vsum non fuisse ius Langobardicum. Ex his vero iuris Langobardici interpretibus CAROLVS quidam COTTVS antiquissimus est, quem Pithoeus in *praef. ad Capitular.* annis CCCLXXX. ante se vixisse ait: de IO. BAPT. de NENNA aetate non constat. ANDR. vero DE BARUTI & NIC. BOERIVS saeculo XVI. vixerunt.

§. XXVIII.

Sed omnium industriam in restituendo illustrandoque Codice LEGVM LANGOBARDICARVM superarunt Socii Palatini, & in his Lud. Ant. Muratorius, qui inter *Script. Rer. Ital. Tom. I. Part.* 2. leges Langobardicas ex duobus codicibus Mutinensibus * edidit, non in titulos, secundum ordinem argumentorum distributas, sed secundum Regum, a quibus profectae, seriem digestas, suisque prooemiis, quae in editis omnibus desunt, instructas, interiectis passim formulis; quibus prudentes Langobardorum tum agendo, tum excipiendo in foro vsi sunt, additisque praefationibus, notis, indicibusque praestantissimis, vt nihil hac quidem collectione reperiri possit perfectius. Noua Muratorii collectio laudata.

* Alterum ex his codicibus Eurardus quidam per Lupum describendum curauit. Id enim docet praemissum carmen heroicum, cuius initium est:

Hunc Heros librum legum conſcribere fecit
EVRARDVS prudens.

Eurardum iſtum Muratorius non alium eſſe ſuſpicatur, quam Ducem Foroiulienſem ſub Ludouico II. Imp. Addo ego, eumdem forſan eſſe hunc codicem, cuius ipſe Euerardus meminit in Teſtamento ſuo apud Aub. Miraeum *Cod. Donat. Piar. Cap. XV. p.* 21. vbi Vnrocho filio primogenito legat *librum de lege Francorum, & Ripuariorum, & Langobardorum & Alamannorum & Baiuuariorum.* Et in hoc Codice Mutinenſi, eaedem leges vno faſciculo coniunctae fuerunt, teſte ipſo Muratorio.

§. XXIX.

Capitularia Regum Francorum ad tempora Caroli M.

Et hae quidem ſunt leges gentium Germanicae originis, a ſaeculo V. ad Caroli M. imperium in ſcripturam redactae ac editae. Quum vero Franci hoc temporis interuallo, Burgundiones, Friſios, & Alamannos perdomuiſſent, Gothos Gallia ſubmouiſſent, Baiuuarios in deditionem accepiſſent: non mirum eſt, praeualuiſſe reliquis LEGES FRANCICAS, non modo SALICAM & RIPVARIORVM, ſed & edicta, quae ſinguli Reges in comitiis vel placitis publicis, & conſentientibus regni ordinibus, ſub CAPITVLARIVM * nomine edere ſolebant. Superſunt ſane eiusmodi capitularia CHILDEBERTI, anni DLIV. CHLOTARII, anni DLX. GVNTCHRAMMI, anni DLXXXV. CHILDEBERTI iunioris anni DXCV. CHLOTARII II. anni DCXV. CAROLOMANNI, anni DCCXLII. ſequ. PIPPINI item capitularia Sueſſionenſe anni DCCXLIV.

Vermerienſe anni DCCLII. Vernenſe anni DCCLV. denique Metenſe & Compendienſe anni DCCLVII. apud Baluz. *Tom. I. Capit. p. 1. ſequ.*

* CAPITVLVM & CAPITVLARE iam ante Francos erant vocabula ſatis nota, ſed alio plane ſenſu vſurpata pro oneribus, quae alias perſonalia vocantur *l.* 14. *l.* 15. *l.* 18. *C. Theod. de extraord. muner.* vbi temonaria functio eo nomine venit. *Vet. Gloſſarium: Tributum* CAPITVLARE, ἐπικεφαλαίου φόρος. At quum tamen & leges *capitula* dici coepiſſent. *l.* 27. §. 4. & *l.* 30. §. 3. *D. ad leg. Aquill.* non mirum profecto, Francos leges ſuas κατ' ἐξοχὴν vocaſſe CAPITVLA & CAPITVLARIA.

§. XXX.

Leges Germanicae pleroſque mores patrios a Tacito deſcriptos firmarunt.

Quamuis ergo hae leges omnes paſſim aliquid ex iure Romano traxerint, (§. XIV.) multa etiam ex priſtina barbarie paullatim deterſerit Chriſtiana religio, qua interea hae gentes omnes imbuebantur: res ipſa tamen docet, conſuetudines tantum non omnes, quas Iulius Caeſar, Tacitus, aliique veteres ſcriptores in Germanis notauerant, (§. III. & IV.) in iſtis Germanorum legibus etiamnum reperiri: Vnde facile adparet, maiores noſtros priſci & auiti moris tenaciſſimos fuiſſe.

§. XXXI.

Id quod exemplis demonſtratur.

Hinc expreſſiſſima in legibus his veſtigia deprehendimus longae pueritiae, *Leg. Wiſig. IV*, 3. 1. *Langob. II*, 29, 1. dotis uxori a marito oblatae, *Leg. Wiſig. III*, 1, 5. & 6. *Burg.*

LXII, 2. *Alam. LVI*, 1. *sequ. Ripuar. XXXVII*, 1. *&* 2. *Langob. II*, 4, 1. *seqq.* rerum expeditoriarum & geradae, *Leg. Burg. LI*, 3. *&* 4. *Angl. VI*, 5. *&* 6. inimicitiarum a tota familia susceptarum, *Leg. Fris. II*, 2. *addit. Vulem. I*, 1. *Leg. Sal. LXIII*, 2. *& seq. Angl. VI*, 5. *Langob. I*, 7, 15. *I*, 37, 1. *sequ.* controversiarum non iure, sed ferro decisarum, *Leg. Burg. LXXX*, 1. *sequ. Alam. I*, 3. *LXXXIV*, 1. *Baiuuar. XVI*, 1. *Ripuar. XXXII*, 4. *Fris. XI*, 3. *XIV*, 4. *Langob. XXXII*, 3. homicidii non morte, sed mulcta, expiati, *Leg. Sal. XXVI*, 1. *Ripuar. VII. & XXXVI*, 1. *Angl. I*, 1. *Fris. I*, 1. *sequ. Alamann. XLIX*, 1. *sequ. LXVIII*, 1. *sequ. Baiuuar. XIII*, 1. *sequ. Langob. I*, 9, 3. *&* 6. hospitalitatis legibus praeceptae, *Leg. Burg. XXXVIII*, 6, 7, 9. numeri denique non dierum, sed noctium, initi *: *Leg. Sal. XXVI*, 49. *Ripuar. XV*, 9, 6. *Langob. I*, 13, 23.

* Immo eadem computandi ratio etiam multo post in Speculis Saxonico & Sueuico obseruatur, notaque est loquutio: *vber vierzehen nächte. Ius Prou. Sax. Lib. I. Art. 2. & art. 67.* Et hinc nata est dilatio Saxonica, quam vocant, sex hebdomadum & trium dierum. Quum enim ter citandus esset reus, & quidem singulis vicibus, vt post quatuordecim noctes adesset: his connumeratis prodibant sex hebdomades, additisque tribus diebus iuridicis dilatio Saxonica. Vid. *Gloss. ad Ius prou. Sax. Lib. I. art. 67.*

§. XXXII.

Formulae forenses

Sed haec quidem de legibus ipsis horum

temporum ſufficiant. Vnum addimus, ad earum aeque ac iuris Romani, tum apud prouinciales recepti illuſtrationem, vſusque forenſis intelligentiam non parum conferre tot FORMVLARVM collectiones, quae ex iſtis ſaeculis ſuperſunt. Habemus enim MARCVLFI *Formulas*, quales tum ab Hier. Bignonio, tum a Lindenbrogio, datae ſunt, apud Steph. Baluzium; aliasque, ſecundum LEGEM ROMANAM, vel SIRMONDICAS, nec non alias BIGNONIANAS, ab eodem Baluzio; alias ANDEGAVENSES, a Mabillonio tum *Analect. Tom. IV. p.* 234. tum in Operis *de Re Diplom. Adpendice Tomo II.* editas, & quas paullo ante laudauimus (§. XXVIII.) LANGOBARDICAS, a Lud. Ant. Muratorio *Tom. I. Script. Rer. Ital. Part. II.* ex vetere Codice Mutinenſi deſcriptas *, quas vtut barbaro dicendi genere ſcriptas, maximam tamen adferre vtilitatem, vnusquisque re ipſa experietur. eorum temporum.

* Merito addimus *formulas* ALAMANNICAS, a Melch. Goldaſto *Tom. II. Rer. Alam. Part. I.* nec non ALSATICAS, itidem a Mabillonio primum, ac deinde a Ge. Eccardo ſub finem *Legis Salicae p.* 232. *ſequ.* editas: quas tamen non minus, quam Goldaſtinas eſſe *Alamannicas* & in monaſterio S. Galli ſcriptas res ipſa docet.

CAP. II.

DE PROGRESSV IVR. GERMANICI A CAROLI M. TEMPORIBVS AD LOTHARIVM III. IMP.

§. XXXIII.

Carolus M. legislator Saxonum.

PRogredimur ad tempora CAROLI M. quem si emendandis barbarorum moribus, legibusque aequioribus ferendis natum dixerimus, neminem nos habituros contradicentem speramus. Eum omnium, quae sibi parebant, gentium, leges in scripturam redigi iussisse, iam supra vidimus. (§. XXII.) Quum ergo tum gentes omnes iam leges scriptas haberent, praeter SAXONES, quos ipse primus diuturno bello perdomuerat: dubitari nequit, quin iis prae ceteris hanc operam nauarit *. Non tamen nouas illi obtrusit leges, sed, ut *Poeta Anonymus ad ann. DCCCIII.* loquitur,

Tum sub iudicibus, quos Rex imponeret ipsis,
Legatisque suis, permissi LEGIBUS vti
Saxones PATRIIS, & libertatis honore.

* Coniicit quidem V. C. Burc. Gotth. Struuius in *Hist. Iur. VI, 7. p. 425. 426.* iam ante Carolum M. in *Capitul. de part. Saxon. Cap. XXXIII.* ad *legem Saxonum*, & *in Capit. Sax. Aquisgr. anni DCCLXXXVII.* nec non *Capit. IV. app. II. Cap. 35.* ad *eorum* euuam prouocet. Sed vti *lex* & *euua* πολώνυμα sunt vocabula: ita & ius non scriptum significare possunt.

§. XXXIV.

Et haec procul dubio est LEX illa SAXONVM, ab Heroldo, Lindenbrogio, Leibnitio, & nuper a V. C. Car. Guil. Gaertnero, edita. Quamuis enim Lindenbrogius eam legem vel ideo Caroli saeculum antiquitate superare existimet, quod in membranis, quas nactus sit, litterarum ductus vetustatem maiorem arguant, & codex illi ante Caroli tempora scriptus videatur: tamen quum ista Lex Saxonum Christianis vocabulis e. g. *ecclesia* vtatur *, *Tit. III*, 5. & praeterea regni ac Regis Francorum diserte meminerit. *Tit. III*, 1. *XVII*, 5. fieri sane non potest, vt eam vel Caroli M. aeuo antiquiorem, vel ab Haraldo, Danorum Rege, profectam esse existimemus. Conring. *de Orig. Iur. Germ. Cap. XII.*

Lex Saxonum quando scripta.

* Quamuis enim ante bella Caroli M. cum Saxonibus gesta, Christianae religionis scintillae quaedam in Saxonia emicuissent, ceu patet ex Venant. Fortun. *Lib. III. Carm.* 9. & *vita S. Faronis Episcopi Meldensis MSC. Cap. LXXVI.* ex qua excerpta edidit Leibnit. *Script. rer. Brunsuic. Tom. I. p.* 63. id tamen de paucis hominibus, qui in Gallicano littore piraticae caussa consederant, intelligendum videtur, non de vniuersa gente, quae ad Caroli M. tempora auitam superstitionem & armis tuebatur, neque adeo patiebatur ecclesias vel templa Christianorum apud sese exstare.

§. XXXV.

Videtur tamen non nisi fragmentum istius le- An inteperueneRit.

gis ad nos perueniſſe. Multa enim, quae veteres ex lege Saxonum citant, in hac noſtra deſiderantur, v. g. lex de matrimonio impari nobilis & plebeiae ſub mortis ſupplicio vetito, Eginard. *apud Adam. Brem. I*, 5. de traditionibus digito firmandis, *Diplom. Liemari apud* Lindenbrog. *Script. Rer. Septentr. p.* 147. de eo, qui fines alienos inuaſerit, capitis damnando. Lamb. Schaffnab. *Chron. p.* 196. Accedit quod quum *crudeliſſimam Saxonum legem* vocet Wippo *in vita Conradi p.* 430. in hac ſuperſtite nihil crudelitatis reperiatur, niſi crudelem etiam dicere velis Nemeſin Carolinam, quae aeque, ac lex Saxonica, fures capite plecti iubet. Eſſe tamen in illa fragmenta genuina ac vetuſta, aliis ſane argumentis ſatis demonſtrari poteſt *.

* Prouocat enim ad legem noſtram ipſe Carolus M. *Capitul. de partib. Sax.* §. *XXXII.* vbi ait: *De periuriis ſecundum legem Saxonum ſit.* Atqui hoc caput hodienum habemus in *lege Sax. II*, 8. *& 9. Qui ſciens peierauerit, capite puniatur, qui neſciens peierauerit, manum ſuam redimat auctor ſacramenti.*

§. XXXVI.

Capitularia Caroli M. de Saxonibus.

Nec in eo adquieuit Caroli M. ſollicitudo. Quum enim gens Saxonum, quamuis publica profeſſione Chriſtianis acceſſiſſet, adhuc tamen auitas ſuperſtitiones priuatim mordicus teneret *: legi illi patriae nonnulla adſtruxit, quae rudem iſtam gentem ſaltim poenarum metu in officio continerent. Eo enim pertinent CAPITVLATIO DE PARTIBVS SAXONIAE incerti anni, & CAPITV-

LARE SAXONVM anno erae Chriſtianae DCCXCVII. in Comitiis Aquisgranenſibus promulgatum, quae inuenta in bibliotheca Vaticana a litteratiſſimo principe, Ferdinando Furſtenbergio, (vid. *Monim. Paderborn. p.* 324) primum a Luca Holſtenio Romae, deinde ab Hermanno Conringio Helmſtadii, demum a Steph. Baluzio *Capitul. Tom. I. p.* 250. Herm. Adolph. Meinders *de ſtatu relig. & reip. ſub Car. Magn. p.* 23. *ſequ.* & nouiſſime a viro doctiſſimo, Car. Guil. Gaertnero, edita ſunt *Lipſ. MDCCXXX. 4to.*

* Argumento eſſe poteſt *Indiculus ſuperſtitionum & paganiarum*, quem eidem debemus Principi Ferdinando, Paderbornenſi Epiſc. *in Monim. Paderborn. p.* 308 Et notum eſt, in iis illuſtrandis multum operae inſumſiſſe Caſp. Caluoer, Herm. Adolph. Meinders, & Georg. Eccardum. Adeo vere cecinit poeta:

Quo ſemel eſt imbuta recens, ſeruabit odorem
Teſta diu.

§. XXXVII.

Nec non ad Leges Salicam, Baiuuariorum & Langobardorum.

Sed aliarum quoque gentium legibus, quas a Theoderico Rege Francorum eiuſque ſucceſſoribus in ſcripturam redactas diximus, noua quaedam additamenta ſub Carolo M. eiuſque filio, Ludouico Pio acceſſerunt. Ipſis enim Francorum legibus illum *paucula capitula, & ea imperfecta addidiſſe*, teſtatur Eginardus *in vita Caroli cap. XXIX.* taliaque capitula ad LEGEM SALICAM exſtant apud Baluz. *Capitul. Tom. I. p.* 17. 387. 606. *Tom. II. p.* 1060. * Eiuſdem generis ſunt capitula, LEGI BAIVVARIORVM anno DCCLXXXVIII. adiecta apud eumdem *Tom. I. p.* 207. Denique quod ad legem LANGOBARDORVM attinet, non modo illi inſertas videmus plures Caroli M. & ſucceſſorum conſtitutiones, verum etiam *Capitula, addita ad Legem Langobardicam*, nec non *Capitula, excerpta ex lege Langobardorum* reperimus apud Baluz. *Tom. I. p.* 317.

* Fortaſſis & plura perierunt. Exſtat ſane charta Monaſterii Honaugienſis apud Mabillon. *Annal. Benedict. Tom. II. p.* 697. in qua Carolus *Rex Francorum, vir illuſter* profitetur, *res peregrinorum ſecundum legem Francorum proprias eſſe Regis*: ab eoque iure excipit peregrinos Scotos. Quod eſt ipſum ius Albinagii, cuius alioquin vix veſtigium in legibus Francicis reperias, vt non potuerint non quaedam earum capita periiſſe, niſi, & hic per *legem Francorum* ius eorum non ſcriptum intelligere malis.

§. XXXVIII.

Capitularia Regum Francorum vniuerſalia.

In primis vero notanda ſunt ipſa CAROLI M. CAPITVLARIA, vniuerſis ciuibus praeſcripta *, id eſt ſanctiones, vel in conciliis & ſynodis, vel in comitiis regni, de eccleſia & republica factae, quarum plurimas ex variis Codicibus MSC. integras edidit Steph. Baluz. *Tom. I. p.* 189. *ſequ.* Talia deinde & Ludouicus Pius, Pippinus, Italiae Rex, Carolus Caluus, & alii Francorum Orientalium & Occidentalium Reges plura publicarunt, quae laudatus Baluzius eadem induſtria vndiquaque collegit ediditque *Tom. I. p.* 533. 541. 561. *ſequ.* Addat. Brower. *Annal. Treu. Propa-*

rasc. Cap. X. Mabillon. *Analect. Tom. I. p.* 299.

* Quemadmodum enim communi populi consensu huiusmodi Capitularia fiebant: ita & omnes iis subscribere, eoque chirographo se ad eorum obseruantiam obstringere cogebantur. *Capit. III. a. DCCCIII. Cap. XIX. Capitul. II. a. DCCCXIII. in prooem. Capitul. Caroli Calui, tit. I.* Ex quo patet, vnde mos supersit, in imperio nostro, vt leges communes & communibus Electorum, Principum ac Ordinum suffragiis ferantur & capitularibus istis seu *recessibus* praeter Imp. & Electores & Principes quidam, nec non ex Comitibus, Praelatis & civitatum legatis quidam subscribant.

§. XXXIX.

Ne vero tot speciales leges conquirendae essent Francis: fuerunt, qui capitularia illa colligerent, & in certum ordinem redigerent. Collectionum illarum notissima est ANSEGISI, Abbatis siue Lobiensis, siue Fontanellensis, siue alius monasterii, tamen non Archiepiscopi Senoniensis *, Baluz. *proleg. Capit.* §. *XXXIX.* qui omnia Caroli M. & Ludouici Pii Capitularia eo ordine dispofuit, vt *liber primus* Caroli M. constitutiones ad rem ecclesiasticam pertinentes: *secundus* eiusdem leges ciuiles; *tertius* Ludouici leges ecclesiasticas; *quartus* eiusdem leges ciuiles, vel, vt auctor vocat, *mundanas* complectatur. Addidit auctor *adpendices tres*, quibus varia collegit Caroli M. Ludouici Pii, & Lotharii I. Imp. capitularia, quae vel ex su-

Eorum collectio ab Ansegiso facta.

perioribus *memoriae caussa scripta, vel non plenum explere sensum, vel geminata, vel cum aliis mixta* videbantur. Ediderunt hanc collectionem, quae anno Christi DCCCXXV. Ind. V. & XIII. imperii Ludouici Pii & Lotharii primum prodierat in lucem, (vid. Ansegis. *praefat.*) B. Rhenanus, Vitus Amerbachius, Ioach. Vadianus, Heroldus, P. Pithoeus, Iac. Sirmondus & nouissime Steph. Baluzius.

* Ansegiso, Abbati Lobiensi, hanc collectionem tribuit Sigeb. Gemblac. *in Chronic. ad annum DCCCXXVII.* Ansegiso, Archiep. Senonensi, Odorann. *in Chron. ad ann. DCCCLXXXII.* Ansegiso, Abbati Fontanellensi Baluz. *in Proleg.* §. *XXXIX.* Sed vti manifesto errant, qui auctorem faciunt Ansegisum Archiep. Senonensem: ita sunt, qui Ansegisum Abbatem Lobiensem postea Fontanellensi monasterio praefectum contendunt. Quae si probari possent, Baluzium Sigeberto facile conciliaremus. At quid opus est verbis, quum de hoc Ansegiso manifestum exstet auctoris veteris testimonium, puta Adsonis *de miraculis S. Waldaberti*, vbi inter alia refert, Ludouicum Pium abbatem Fontanellensem *Ansegisum* praefecisse *Luxoniensi* monasterio, hunc vero CAPITULA *regum Francorum, quae diuersis fuerint acta conciliis, excepisse & vno volumine contineri fecisse.* En Ansegisum, auctorem collectionis non Lobiensium, sed Luxoniensium & Fontanellensium abbatem. Facilis vero fuit Luxonii & Lobii confusio.

§. XL.

Nec non a Benedicto, cuita & Lothario.

Postea anno DCCCXLV. nouam collectionem Otgarii, Archiepiscopi Moguntini, auſpiciis adornauit BENEDICTVS, Leuita Moguntinus, quam Anſegiſianae collectionis veluti auctarium eſſe voluit. Conſtat illa tribus libris, in quibus nec delectu, nec ordine vſus eſt bonus ille Leuita. His deinde neſcio quo auctore acceſſerunt *Additionum Libri IV.* Vtraque collectio in foris Francicis haec Germaniae, illa Galliae, maximi vſus fuit: Anſegiſiana tamen etiam Ludouici Pii & Caroli Calui auctoritate firmata. Vid. Steph. Baluz. *Proleg.* §. *XLVII. ſeq.* Conring. *de Orig. Iur. Germ. Cap. XV.* Ant. Pagi *Critic. Baron. ad ann.* 845. *n.* 17. *p.* 598 *Tom. III.* Quin ipſe LOTHARIVS Imp. nouam collectionem in vſum Italorum confecit *, Baron. *Annal. Eccleſ. ad ann. DCCCXLVII. n.* 12. quam edidit Melch. Goldaſtus *in Collect. Leg. & Conſuet. Germ. p.* 102.

* Errauit tamen Baronius, dum collectionem hanc Italis ex decreto *Synodi Maldenſis Cap. LXXVIII.* promulgatam exiſtimat; quo anno DCCCXLV. cautum fuerit, *vt Capitula eccleſiaſtica a Carolo M. Imp. & Ludouico Aug. promulgata obnixe obſeruari praeciperentur.* Sed non meminit Baronius id concilium in regno Caroli Calui habitum, ac proinde nec Lotharium obſtrinxiſſe, nec ad Italos pertinuiſſe. Vid. Petr. de Marca *de Concord. ſacerd. & imperii Lib. II. Cap.* 12. §. 5. Ant. Pagi *Critic. Baron. ad ann.* 847. *n.* 13. *p.* 604.

§. XLI.

Iam ex his facile patet, quaenam fuerit iuris Germanici facies a Carolo M. vſque dum eius ſtirps apud Germanos defecit, id eſt ad A Carolo M. ad finem ſtirpis ejus in Germania leges patriae adhuc valuerunt.

ann. DCCCXI. Primo enim adhuc ſingulae gentes legibus ſuis propriis vtebantur. Id quod vel inde patet, quod multo poſt ad Legem Baiuuariorum ipſe prouocat Henricus II. Rex: Adelbold. *Vit. S. Henrici Cap. X.* apud Leibnit. *Tom. I. p.* 423. quodque idem Imperator eiuſque ſucceſſor Conradus Salicus Saxonum leges confirmaſſe dicuntur. Ditm. Merſeb. *V. p.* 386. *edit. Leibnit.* Wippo *in vita Conradi p.* 430. quin & Lex Alamannica pro norma fuit Conrado I. Regi Germ. in ferenda anno DCCCCXIV. ſententia. Ekkehard. *de Caſ. Mon. S. Galli Cap. I.* vt taceam, manumiſſionem, per iactum denarii ſecundum legem Salicam factam eſſe ſub Zuenteboldo, Lotharingiae Rege, cuius charta ea de re exſtat apud Buchel. *ad Hedam de Epiſc. Vltraiect. p.* 70.

§. XLII.

Nec non capitularia regum.

Deinde maximae auctoritatis hoc temporis interuallo erant CAPITVLARIA Caroli M. & Ludouici Pii, quod ſolide demonſtrauit Herm. Conring. *de Orig. Iur. Germ. Cap. XVII. p.* 94. *ſequ.* Ad ea enim prouocant patres Concilii Moguntini anno DCCCLII. *Cap. XVI.* itemque Synodi Colonienſis ſub Carolo Craſſo habitae *Cap. III.* Concilii Moguntini anno DCCCLXXXVIII. *Cap. XXI. & XXIII.* indicio ſatis luculento, toto illo tempore ſancta adhuc Germanis fuiſſe illa Regum Francorum capitularia *.

* Patres enim concilii Moguntini anno 852. vrgent, *pauperes liberos non eſſe ſaepius banniendos ad placita, niſi ſicut in* DOMINICO

CAPITVLARI, *olim facto praecipiatur*. Non ergo solum citant CAPITVLARIA, tamquam leges quasdam veteres, sed & eas non obseruari, & pauperes contra illas leges publicas opprimi, conqueruntur. Quo vero, quaeso, colore id fecissent, si eorum capitularium, tamquam legum obsoletarum nulla superfuisset auctoritas?

§. XLIII.

Praeterea nullum est dubium, quin nouas subinde leges tulerint Ludouicus Germanicus, eiusque posteri: quamuis eae, quas edidit Goldastus *Tomo I. Constit. Imp. p.* 274. non ex chartis authenticis, sed ex Auentini annalibus, Legibusque Langobardicis, desumtae videantur. Omnium celeberrima tamen est constitutio de expeditione Romana, CAROLO Crasso vulgo tributa, a multis reiecta, criticisque stricturis confossa. Sed quum, qui plurimum illi constitutioni tribuunt, eam non a Carolo Crasso, sed Conrado Salico, profectam existiment *, non est sane, quod hic illi immoremur.

Et si quas alias nouas leges tulerunt Caroli successores.

* Videnda, quae de ea disputarunt Marqu. Freherus, Rittershusius, Schurzfleischius, Ill. de Ludewig, Gebauerus, nec non etiam olim Conring. *de Orig. Iur. Germ. Cap. XVII. p.* 89. Retulit mihi nuper amicissimus, & discipulorum meorum optimus, Io. Guil. Hofmannus, in manus suas incidisse ipsam chartam authenticam, quam olim cum Rittershusio communicauit Marcus Velserus, & se illius ope plura, quae editores praeteruiderint, quaeque ad constitutionis istius veram aetatem atque originem pertineant, obseruasse,

adfirmauit, quae se vna cum aliis obseruationibus suis editurum promittebat. Sed eheu vitae breuitas vetuit ingenii paene stupendi virum spes inchoare longas. Euanuit illa spes, Hofmanno meo sub finem superioris anni properantibus fatis exstincto.

§. XLIV.

An et iuris Romani aliquis vsus fuerit.

Quaeri posset, an non & iuri Romano in Germania tum locus fuerit? Responsum cape. Quum Franci iis tantum iuris Romani vsum concederent, qui illi iam antea adsueuerant: (§. XVIII.) toto hoc tempore in Gallia non exoleuisse iuris Rom. vsum, satis adparet ex Hincmar. *Opusc. XVI*, 5. *Tom. II. p.* 225. *Opusc. LV. T. II. p.* 440. 509. 587. 739. vt iam non dicamus de conciliis Gallicanis & Iuonis Carnutensis Decreto, in quibus ad leges Romanas, etiam Iustinianeas, & e *Pandectis* depromtas, saepissime prouocatur. Add. Strauch. *Amoen. Iur. Can. ecl II. Cap. VII. p.* 33. Id vero de Germanis dici non potest, quippe quos numquam Romani in prouinciae formam ita redegerant, vt stabile ibi esset eorum imperium. Hinc consequens est, vt iuris Romani vsum nec desiderarint vmquam, nec habuerint. Interim quum Capitularia apud eos maximae fuisse auctoritatis, fassi simus (§. XLII.) in iis vero paucula ex iure Romano depromta sint *: eatenus dici potest, aliqua ex eo iure profecta tum quoque in Germania locum habuisse.

* In ipsis Ludouici Pii *Capitularibus addit. IV.* §. 102. ius Romanum vocatur *omnium huma-*

narum mater legum, adeoque non mirum est, quaedam ex illo in vsus suos conuertisse Francorum Reges. Pauca tamen illa esse, & vix alicuius momenti, ipsorum Capitularium lectio vnumquemque conuincet, vt paullo latius scripsisse videatur V. C. Burc. Gotth. Struuius *Hist. Iur. VI*, 11. *p.* 435. *Fontes horum capitularium ipsas fuisse leges Romanas, ex eo potissimum patet, quod lex Romana omnium humanarum legum mater dicatur.* Neque enim id elogium nos conuincit, omnia vel pleraque ex iure Romano depromsisse Francorum Reges.

§. XLV.

Eadem omnia ab exstincta apud Germanos stirpe Carolingica, vsque ad Saxonicae familiae interitum, obtinuisse videntur. Nam tunc quoque singulos Germaniae populos veteres suas leges, quas Reges Francici scriptas promulgarant, sequutos esse, ex iis, quae supra (§. XLI.) obseruauimus, & obseruabimus paullo post, colligitur *; idque innuere videtur Wittich. *Annal. II. p.* 21. *seq.* dum *leges diuinas & humanas auctorali vigore* Ottonis M. *polluisse, & coniuratos secundum leges meritas luisse poenas* scribit. Vid. Hert. *de Consult. legib. & iudic. in spec. Rom. Germ. Imp. rebusp.* §. *XII. p.* 419. Accedit, quod ad LEGEM SAXONICAM in chartis suis se referunt anno DCCCCLII. Otto M. apud Stangefol. *Annal. Westph. II. p.* 185. multoque post anno DCCCCXCVII. Otto III. apud eumdem *p.* 203.

Sub Saxonicis Imp. legibus patriis adhuc vixerunt gentes Germanicae.

* Idem & inde patet, quod Legem Salicam, Langobardicamque suis additionibus auxerunt Otto I. & Henricus II. Imperatores, quas

edidit ex vetusto codice Ge. Eccardus *ad Leg. Salic. p.* 198. *sequ.* Quin in his ipsis additionibus Otto I. Imp. anno DCCCCLII. se refert ad *capitularium praecedentium regum instituta*, in comitiis Francofurtanis *coram posita.* Vid. Eccard. *ibid. p.* 198.

§. XLVI.

Lex Sax. tamen aucta ab Haraldo Rege Daniae.

Quod tamen ad LEGEM SAXONICAM & FRISICAM *, attinet, eam Ottonis II. temporibus non parum vel immutauerat vel auxerat HARALDVS, Rex Daniae, qui tum transalbinas proximasque regiones inuaserat, & tum his, tum Fresonum genti, leges & iura constituere coeperat. Referunt hoc Adam. Brem. *Hist. II*, 19. Helmold. *Chron. Slau. I*, 15. qui addunt, gentes istas leges Haraldinas *pro tanti auctoritate viri adhuc hodie seruare contendere.* Sed harum additionum hodie nihil exstat.

* Sane & Frisonibus leges datas esse ab Haraldo, refert Alb. Stadens. *ad ann.* 984. Sed id intelligendum videtur de Frisiis vel Fresonibus transalbinis, qui & hodie chersonesi Cimbricae littora adcolunt. Ad reliquos enim Frisios eius pertigisse imperium, nemo veterum obseruauit. Immo ne Pontanus quidem in *Hist. Dan. Lib. V. p.* 196. vbi locum Alberti Stadensis adducit, quidquam de eius imperio in Frisios dixit.

§. XLVII.

Capitularium etiam vsus aliquis.

Quid? quod ne CAPITULARIVM quidem vsus circa haec tempora exoleuisse in Germania videatur. Auctorem enim habemus Continuatorem Reginon. *ad ann. DCCCCLII.*

conſtitutum eſſe in Francofurth a Rege glorioſiſſimo, Ottone, anno illius XV. conſentientibus Epiſcopis, comitibus, aliisque fidelibus compluribus, canonum ſanctorumque patrum auctoritate, nec non CAPITVLARIVM praecedentium inſtitutis coram poſitis *. His ipſis tamen temporibus paullatim ab vſu receſſiſſe illa regum Francorum capitularia, ſuſpicatur Baluz. *in proleg.* §. 1.

* Eadem verba in ipſis illis additionibus legis Salicae, a Ge. Eccardo *p.* 198. editis reperiuntur, vt adeo illas tum in manu illius Continuatoris fuiſſe veroſimile ſit. Quod inſigne eſt γνησιότητος harum additionum argumentum.

§. XLVIII.

Acceſſerunt & hoc temporis interuallo variae leges nouae, a Regibus & Imperatoribus, vel miſſis in ſuffragia ordinibus, vel commiſſis campionibus, quos vocabant, latae. Ita ſane in comitiis Stelenſibus Otto M. interpretatione authentica decidit quaeſtionem iuris Germanici, *num nepotes cum filiis ad hereditatem ſimul admittendi ſint, nec ne* *? Rem enim Otto M. inter gladiatores diſcerni iuſſit, vicitque pars, quae filios filiorum computabat inter filios, & hinc lege perpetua firmatum, vt aequaliter cum patruis vel auunculis hereditatem diuiderent. Wittich. Saxo *Annal. II. p.* 644. Sigeb. Gemblac. ad ann. DCCCCXLII. Plures alias Ottonum leges collegit Goldaſt. *Conſtit. Imp. Tomo vno p.* 215. *ſequ. p.* 225. *ſequ. Tom. III. p.* 303. *ſequ. & p.* 309. *ſequ.*

Leges nouae ſub Ottonibus latae.

* Quum de iure repraesentationis nepotibus concedendo tum ambigerent Romani: eo minus mirandum, Saxones illud numquam concedere voluisse fratrum sororumue liberis, quin sibi ius patrium reseruasse, quum in comitiis aliud lege publica statueretur. Qua de re alibi. Iam id obseruo, in Geldria id ius repraesentationis anno demum DLX. inuectum esse, Pontan. *Hist. Geldr. Lib. XIV. p.* 882.

§. XLIX.

An & iuris Romani vsus?

Iuris Romani hoc saeculo in Germania nec vola nec vestigium adparet: quamuis eo subinde vterentur Reges & Imperatores, si quando Italis, & maxime Langobardis, leges praescriberent. Exstat sane in *Leg. Langob. II*, 47, 11. Henrici Imp. constitutio, de iureiurando calumniae clericis remittendo, in qua constitutio D. Marci, (vel Marciani potius, *l. 25. C. de episc.*) Iustiniani sanctio, & legis periti, ab Imperatore in consilium adhibiti, memorantur.

§. L.

Origo iuris Canonici in Germania.

At certius est, his temporibus paullatim iuris Canonici auctoritatem permagnam esse coepisse in Germania. Quemadmodum enim paullo ante haec tempora circa annum DCCCCVI. Regino Prumiensis in Regno Lotharingico iussu Ratbodi Archiep. Treuerensis, *de disciplina ecclesiastica libros II.* ex Canonibus antiquis decretisque pontificum compilauerat, quos post Ioach. Hildebrandum Helmstadiensem iterum edidit Steph.

Baluzius 1671. ita paullo post sub initium saeculi XI. scripto *magno canonum volumine*, ex iisdem, at inquinatioribus aliquanto fontibus, ius ecclesiasticum deriuauit BVRCHARDVS, Wormatiensis episcopus. Sigeb. Gembl. *de Script. eccles. Cap. CXLI. & sequ.* & in *Chron. ad ann. MVIII.* Chron. Wormat. *Cap. XIII.* apud Illustr. de Ludewig Reliqu. MSSC. *Tom. II. p. 55.* Prodiit hoc opus *Col. anno MDXLVIII. & Paris. MDL. fol.* tantamque sensim auctoritatem obtinuit, vt non modo Sigeb. Gemblac. *d. Cap. CXLI. ex eo adhuc* suo tempore *omnium conciliorum decreta auctorizari*, scribat, sed & apud vulgus canonistarum multo post mos inualuerit, vt regulas iuris, omni exceptione maiores, & vsu fori probatas, BROCARDICA, quasi *Burchardica* adpellarent*.

* Talia *Brocardica* primus scripsit DAMASVS, vetus iuris canonici Doctor, quae deinde recognita, & ex MSCIS exemplaribus edita sunt *Colon.* 1564. Ex praefatione haec decerpsit Strauch. *Amoenit. iur. Can. ecl. VI. cap. VI. p.* 112. BVRCHARDICA *inscribuntur, a Burchardo Episcopo Wormatiensi, qui primus ea tempestate coepit ius pontificium ad generales quasdam theses reuocare. Ex Gallis atque Italis plerique, originationem verbi ignorantes, corrupte Brocardum & Brocardicum adpellant.* Nescio ergo, quid sibi velit Alciat. *ad l. 99. D. de Verb. oblig.* scribens, BROCARDICA dici *materiam, quae sit contrariarum opinionum rationibus inuoluta.*

§. LI.

Superest, vt qualis ab Henrici II. Regis Sub Imribus Franconicis leges patriae in vsu.

ac Imp. obitu ad Lotharium Saxonem vsque iuris Romani fuerit facies paucis ostendamus. Leges patrias SAXONVM, ALAMANNORVM, BAIVVARIORVM, etiam sub his constanter viguisse, dubio videtur carere. Leges enim SAXONVM firmasse Conradum Salicum, supra ex Wippone ostendimus. (§. XLI.) Ad legem etiam SALICAM in regno Burgundico anno MIX. viuere se profitetur Otho Comes, Arduini, Regis Italiae filius, apud Guichenon. *Biblioth. Sebus. Cent. II. n.* 3. *p.* 188. Vt iam non dicam Guilielmum Marchionem in alia charta anno MCLVI. profiteri, se viuere lege Salica, quemadmodum eius coniux, Iulita, Leopoldi Austriaci filia se *lege Alamannorum* viuere ait. Ibid. *Cent. I. n.* 99. *p.* 170. Quae charta, quamuis ad Burgundiam pertineat, satis tamen euincit, illo tempore Austriam *legem Alamannicam* coluisse, & Iulitam more istorum temporum, nuptam quoque retinuisse *.

* Aliquando tamen feminae nuptae se legibus, quibus mariti viuebant, vltro subiicere non dubitabant. Mathildis Dux, initio viuebat lege Langobardica, at in gratiam mariti, Gottfridi Lotharingici transierat ad legem Salicam. Franc. Mar. Florentin. *Memor. Mathild. Lib. III. p.* 105. vbi in diplomate Lucensi Episcopo dato ita loquitur: *Quia ego, qui supra* MATILDA, *marchionissa, professa sum ex natione mea LEGEM viuere videor LANGOBARDORVM: sed nunc modo pro parte suprascripti Gottifridi, qui fuit viro meo, LEGEM viuere videor SALIGAM.*

§. LII.

Multae etiam leges nouae conditae a Conrado Salico.

Quemadmodum vero hoc temporis interuallo nulla amplius fit mentio Capitularium Regum Francorum: ita tanto frequentius nouas leges tulerunt Imperatores & Reges. De Conrado sane II. Martinus Polonus *in Chronico Cap. XCIV. Hic*, inquit, *multas leges condidit*. Et exstant quaedam eius constitutiones non modo in *Leg. Langob. III*, 8, 4. sed & *II. F.* 9. §. *vlt.* & *II. F.* 34 & 40. (quamuis eae ad Italiae regnum potius, quam ad Germaniam, pertinere videantur) & apud Goldast. *Const. Imp. Tom. III. p.* 312. Eidem celeberrimam constitutionem de expeditione Romana vindicant Schilterus, *ad Ius Feud. Alam. VIII*, 11. Schurzfleischius *Diss. de Conrado Imp. Aug. eiusque dipl. quod de exped. Rom. inscribitur. Wittenb. MDCCII.* & nouissime V. C. Ge. Christ. Gebauerus *in Adpend. ad Schilt. Inst. Iur. Feud. Lips.* 1728. 8. Attamen ne sic quidem suspicione omni carere videtur constitutio illa, quae tot aliorum virorum doctorum censuras, ex quo lucem vidit, experta est *. Editiones eius recenset laudatus Gebauer. *in Praef. p.* 196. *seq.*

* Quum enim omnes, qui illam adhuc vindicare Conrado II. conati sunt, fateantur, eam solius Velserianae membranae fide niti, in hac autem initium & finem a mala manu esse: ecquis fide sua nos iubebit credere, reliqua omnia integra, ac sincera esse? Qui nobis titulo & subscriptione illusit, an eum in reliquis bona fide agere voluisse credibile est?

§. LIII.

Eiusque successoribus.

Sic & Henrici III. constitutionem de veneficiis protulit Goldastus *Const. Imp. Tom. III. p.* 312. qui *ibidem & Tomo vnico p.* 252. etiam Henrici IV. & V. quasdam edidit. Sed quum non vbique satis ἀκριβῶς genuina a falsis distinxerit vir ceteroquin diligentissimus *: de his similibusque iurisprudentiae publicae priuataeque monimentis, quae ex Goldasti scriniis prodierunt, paullo amplius videtur deliberandum.

* Dissimulare id non potuit eius encomiastes Io. Christ. Senckenberg *in vita Goldasti, eius scriptoribus rerum Alam. praemissa* §. *XL.* vbi: *Iusto confidentior*, inquit, *noster erat, si quid verosimile habebat, sua aliis pro veritatibus, immo pro antiquorum sententiis obtrudens. Scatent id genus rebus scripta eius, nec solus ei* Gretserus *id obiecit.* —— —— *Sane nonnullos id ei exprobrantes apud* Io. Alb. Fabric. *Biblioth. p.* 252. *videas: id ipsum legas in* τοῦ πάνυ Conringii *de Orig. Iur. Germ. Cap. XVIII. p.* 99. *& saepius: nec non in* Wendelini *legibus Salicis inter Opuscula Chiffletiana p.* 61. *& alibi.* Hactenus Senckenbergius.

§. LIV.

An & iuris Romani aliquis vsus?

Iuris Romani ne hoc quidem tempore vllam inter Germanos mentionem fieri animaduertimus, quamuis eius vestigia nobis videamur anxie quaesiuisse. Video quidem, in ferali illo certamine, quod inter Gregorium P. P. VII. & Henricum IV. intercessit, aliquando ad ius Romanum esse prouocatum, sed ab Italo, Venerico nimirum Vercellensi, in libro *de vnitate Eccleſ. conſeru. p. 16. edit. Schardii*: at in Germanorum ſcriptis, inter quae Leodienſium *Epiſtolam apologeticam*, Walrami Numburgenſis Epiſcopi *librum de inueſtitura*, aliaque eorum temporum opuſcula a Goldaſto in Apol. pro Henrico IV. edita euolui, tale quid reperire me nondum potuiſſe, fateor.

CAP. III.

DE STATV IVRIS GERMANICI A LOTHARIO IMP. AD TEMPORA, QVIBVS IN GERMANIA ACADEMIAE INSTITVTAE.

§. LV.

Quamuis fabulam, quae circumfertur de iure Romano, iuſſu Lotharii III. Imp. in foris & academiis recepto *, adeo profligarit Herm. Conringius *de Orig. Iur. German. Cap. XXI. ſequ.* vt verbum addere pigeat: veriſſimum tamen eſt, ex eo tempore aliam paullatim factam eſſe iuris Germanici faciem, & ius Romanum, quod in vniuerſa paene Europa adeo inualuerat, vt miraretur orbis, ſe tam cito factum eſſe Romanum, etiam in Germania lacertos mouere coepiſſe.

A Lothario III. Imp. temporibus magna iuris in Germania commutatio facta eſt.

* Semper enim & ante Lotharium vſum aliquem iuris Romani ſuperfuiſſe in Italia, pluribus poteſt teſtimoniis demonſtrari. Nos vnico rem conficiemus. Imperio Lotharius potitus eſt anno MCXXV. menſe Septembre eius anni coronatus a Fridrico Archiep. Colonienſi.

Alberic. *in Chron. ad ann.* 1125. res vero Italicas demum ab anno MCXXXII. constituere coepit, Chron. Bigaug. *ad ann.* 1133. Codex porro Pandectarum Amalphi repertus fertur anno MCXXXVII. Iam vero anno MXCVIII. Vmbertus comes Sabaudiae apud Vghell. *Ital. Sacr. Tom. IV. p.* 1458. *viuere se* profitetur LEGE ROMANA.

§. LVI.

Ab eo tempore in vniuersam fere Europam cultiorem ius Rom. penetrauit.

Quum enim ab eo tempore, vt supra ostendimus, iuris Iustinianei studium Bononiae quam maxime ferueret *, & ex vniuerso cultiore orbe iuuenes, tamquam ad mercatum sapientiae ciuilis, eo confluerent: reduces in suam quique patriam, & summis in toga dignitatibus aucti, tantum iuri Romano auctoritatis conciliarunt, vt illo passim tamquam subsidiario vterentur, ipsaque instrumenta sua ad eius iuris regulas anxia diligentia componerent.

* Obseruauit hoc Conradus Abb. Vrspergens. *in Chron. p.* 291. *Eisdem*, inquiens, *temporibus dominus Wernerius libros legum, qui dudum neglecti fuerant, nec quisquam in iis studuerat, ad petitionem Mathildae comitissae renouauit.* Si ergo non priuata, sed publica auctoritate ius professus est Irnerius, id saltim non iussu Lotharii, sed Mathildae auspiciis factum est. Atqui Mathilda iam anno MCXV. decesserat, decem annos ante, quam ad imperium adspirasset Lotharius. Ergo prius floruit Bononiae iurisprudentiae Rom. studium, quam Lotharius imperauit.

§. LVII.

Veluti in Angliam.

Sane Seldenus *in Diss. ad Flet. Cap. VII.* §.

11. *sequ.* praeclare ostendit, eodem tempore, quo Bononiae reflorescere coeperint studia iuris, non modo *Codicem Theodosianum*, sed mutilum, vna cum *Nouellis* Theodosii, Caii *Institutionibus* & Paulli *Sententiis* in Anglia edidisse Guilielmum Malmesburiensem: sed & non multo post regnante Stephano, Theobaldum, primatem, *Iustinianeum corpus* eo transuehendum curasse. Ioann. Sarisb. *in Policrat. VIII*, 22. Id deinde publice ibi cum applausu exposuit Rogerius Vacarius, gente Langobardus, coaeuus Irnerio, Martino, Bulgaro ICtis, & postea Abbas Beccensis, sed edicto demum regio Stephani, teste eodem Io. Sarisb. & Rog. Baconio, prohibitus. Nihilominus tamen *Deo faciente*, vt Sarisberiensis verbis vtamur, *eo magis virtus legis inualuit, quo eam amplius nitebatur impietas infirmare* *.

* A Stephani regis temporibus, qui anno MCLIV. decessit, diutissime iuris Romani vsum in Anglia viguisse, & sub Eduardi demum III. Regis initia, id est, circa annum MCCCXXVII. euanuisse, toto Capite VIII. Dissertationis ad Fletam solide demonstrat Seldenus; *p.* 1093. *Vol. II. Op.* vt dici possit, prius, quam plerasque alias gentes Europaeas, & recepisse ius Romanum Anglos, & eidem nuncium misisse.

§. LVIII.

Paullo post & in Galliam penetrauit Romana iurisprudentia. PLACENTINVM enim in Monte Pessulano ius docuisse, testis

In Galliam.

est Pancirol. *de Clar. Leg. Interpr. II*, 20. Et hinc iam a saeculo duodecimo haut pauca, in Aquitania saltim & Narbonensi prouincia, exstant iuris Romani vestigia, quae accurate suo more consectatus est vir doctissimus, M. Ant. Dominicus *de praerog. allod. XX*, 1. Circa ea sane tempora Petrus, Comes Melgoriensis, in charta profitetur: *Si quis autem heredum aut successorum meorum contra hanc donationis & confirmationis auctoritatem insurgere praesumtuose, & obuiare, quod absit, attentauerit, non valeat vindicare, quod iniuste repetit, & persoluat mulctam, quam SANCTA LEX ROMANA per Theodosium Arcadium & Honorium promulgata decreuit.* Vbi donatorem in animo habuisse, *l.* 34. *C. Theod. de Episcop. & Cler.* res ipsa docet. Et apud Guil. Briton. *Philippid. II. v.* 45. *sequ.* anno MCLXXXIV. ita inter se, allegatis iuris Romani rationibus, contendunt Philippus Rex Franciae & Flandriae Comes *, vt ad *v.* 55. notet Barthius *p.* 91. *Vides iuris ciuilis non ignaros, quod tum per scholas iam regnabat.*

* Sunt sane memorabilia haec vtriusque argumenta, quae, quia Guillermus ille non est in omnium manibus, paucis excerpere iuuabit. Comes primo vrget, patrem sibi castra donasse, quae iam Rex repetat, atque inde colligit, se in iis ius in re consequutum. Hinc *v.* 40.

His veris titulis mihi ius adquiritur in re,
Quam repetis.

Deinde addit, se possessorem ne edere quidem titulum teneri, tamdiu rem habiturum, quamdiu Rex illam suam esse, nondum probauerit. §. 4. *Inst. de interd.* Eo pertinent *v.* 45. *sequ.*

Esto, quod nullum ius sit mihi rebus in istis,
Vt loquar absque meae praeiudicio rationis:
POSSIDEO *tamen haec per teque tuumque parentem,*
Jusque mihi defendit in his possessio sola.
Nam possessorem compelli dicere, quo rem
Possideat titulo, nimis inciuile videtur.

Praeterea se iam res illas vsucepisse, contendit, *v.* 52. *& sequ.*

Quum res a dominis licite data sit mihi veris.
Sic BONA *nempe* FIDES, TITULUS *sic* IUSTUS *ab omni*
Excusat culpa nostri fundamina iuris.

Denique nec id omittit, neminem sine facto & culpa sua dominium amittere debere, *v.* 55. *sequ.*

Nec tibi ius nescire licet, quo nemo sibi rem,
Juste collatam, sine culpa amittere debet.

Sic & rex comiti ex iure Romano obvertit exceptiones varias e. g. possidere comitem precario: *v.* 60. *sequ.* se quidem illi diploma dedisse, sed adhuc minorennem: *v.* 63. *sequ.* Quin enarrata postea ipsius Comitis, rem donatam donatario propter donatoris minorennitatem abiudicantis, sententia, ad partes vocat edictum: QVOD QVISQVE IVRIS IN ALTERVM. *v.* 78. *seq.*

Vis aliis aliud, aliud tibi dicere iuris?
Absit: quam tuleris, legem patiaris, oportet.

Quis sibi audire videatur regem & comitem, ac non potius binos caussidicos, ex iure Romano inter se disceptantes? Ad idem edictum triennio ante prouocare videmus Matth. Paris. *ad ann.* 1181. *Quod quisque iuris in alterum statuerit, vti debet eodem.* Adeo iam eo tempore aulae curiaeque personabant huiusmodi iuris ciuilis Romani regulis.

§. LIX.

In Burgundiam & Hispaniam.

Ex Gallia facile id ius in Burgundiam, iuris Germanici regnum, penetrauit. Id quod maxime patet ex Guichenonii *Bibliotheca Sebusiana*, in qua iam hoc saeculo occurrunt diplomata, iuris civilis Justiniani gemmulis distincta. Quale est illud *Cent. I. n.* 81. Fridrici I. Imp. anno MCLVII. conscriptum, in quo mentio fit *meri & mixti imperii*, *conditorum testamentorum*, *heredum institutorum*, *dotis constitutae*, *legati facti*, & similium, quae ex iure Romano esse, nemo non videt. Quin & Hispanis eodem tempore innotuisse videntur leges Romanae *, quippe saeculo insequente XIII. iis tam familiares, vt Alphonsus X. Castiliae Rex, conficiens legum Corpus, quod PARTITAS Hispani vocant, permulta ex iure Romano desumserit. Arth. Duck. *de vsu & auctor. iur. Rom. II*, 7.

* Immo multo prius ipso saeculo XI. si fides Hispanis scriptoribus. Nam de Sanctio IV. Arragonensium Rege, qui Ramiro I. anno MLXVII. successit, scribit Mariana *de reb. Hisp. Lib. IX. Cap.* 7. *Sanctium Romani successorem memorant Gothicas leges abrogasse, Barcinonis exemplo scilicet: sanxisse* CAESAREAS, *& secundum eas populis iura dari.* Add. Herm. Conring. *de Orig. Iur. Germ. Cap. III.*

§. LX.

Cur & Germanis adriserit?

Non mirum ergo, si sensim etiam in Germaniam nostram viam sibi muniuit ius Romanum, tanto vbique plausu receptum. Nam & in ea legum Doctores & iuris periti ad ſummas in eccleſia, aulis & foris dignitates adſpirabant, & Imperatores ac Reges ipſi, a Pontificibus Romanis exagitati, fauebant iureconſultis, in quibus ſibi haut parum praeſidii poſitum exiſtimabant, aduerſus Pontificum iniurias, & ipſa denique conſilia Pontificum Rom. ius canonicum obtrudentium regnis ac rebuſp. Chriſtianis, non felicius turbari poſſe videbantur, quam ſi iura Romana ciuilia in foris ac gymnaſiis dominarentur *.

* Quanti tum fieri coeperint iuriſperiti, vel inde patet, quod in Henrici VI. Imp. laudibus poneretur, *quod fuerit dotibus inſignitus ſcientiae liberalis, & floribus eloquentiae redimitus, & eruditus Apoſtolicis inſtitutis & legibus Imperatoriae majeſtatis.* Alberic. Monach. *in Chron. ad ann. MCLXXXIV.* quodque Bertholdo anno MCLXXIX. ad Archiepiſcopatum Bremenſem euecto, praecipue profuerit *decretorum legumque peritia*: Anon. *Hiſt. Epiſc. Brem. p.* 94. Fridricum porro Imp. ſibi quam maxime conciliare ſtuduiſſe ICtos, ſatis patet ex illius Imp. oratione apud Radeuic. *in vita Fridrici I. II,* 3. & ex iis, quae de dominio mundi cum Bulgaro & Martino colloquutus eſt apud Ottonem & Acerbum Moren. *de Reb. Laudenſ. ad ann. MCLVIII.* apud Leibnit. *Script. Rer. Brunsuic. T. I. p.* 818. vbi etiam in iura regalia Imperatorem per magiſtros Bononienſes & iudices vniuerſarum Lombardiae ciuitatum inquiſiuiſſe, legimus.

§. LXI.

Gliſcente enim iuris Romani vſu, DECRETVM, ſeu CONCORDIAM DISCORDANTIVM CANONVM, circa annum MCLII. ex Dionyſio Exiguo, Iſidoro, Iuo- Decreti origo.

ne, Burchardo, aliisque canonum collectoribus, compilauit GRATIANVS, patria Clusinus, non Romanae ecclesiae Cardinalis, quod visum Alberico Monacho *in Chron. ad ann. MCXLVI.* sed monachus Benedictinus Classensis, qui, vt eo commodius hunc laborem exantlaret, Bononiam in monasterium S. Felicis secesserat *. Chiflet. *Diss. apolog. Cap. V*, 4. Pancirol. *de Clar. Leg. interpr. III*, 2. Ger. Mastricht *Hist. Iur. Eccles. n.* 318. *sequ.* Huic Canonum corpori accessere variae additiones, quae PALEAE canonistis vocantur, quas diuersis temporibus primum exemplarium adscriptas marginibus, postea in ipsum textum migrasse, codicum MSC. fide probarunt Pithoei fratres *in praefatione editioni suae praemissa.*

* Ibi & mortuus dicitur. Exstat sane ibi ad sacellum S. Sebastiani monimentum, cum ab aliis, tum a Val. Forstero *in Hist. iur. ciu. Lib. III. Cap.* 7. editum, recentius illud quidem, & a Io. Franc. Aldobrando anno MCCCCXCVIII. positum, sed ideo non contemnendum, quod ex vetere carie ruderibusque obruto descriptum sit. In eo dicitur *Clusinus, Caesarei iuris & Pontificii enucleator prope diuinus, monachus in martyrum Felicis & Naboris aede, vbi absolutissimum opus decretorum anno gratiae MCLI. compilarit.*

§. LXII.

Illud & Germanis & aliis gentibus

Quamuis vero privatum hoc monachi opus non eo iudicio ac cura confectum sit, vt nomen *concordiae discordantium canonum* sine rubore ſuſtineat, Ziegl. *Diſſ. Praelim. ad Lancell.* §. XXXVIII. Nec a Pontifice aliquo vmquam iuris robur acceperit: nihil tamen reliqui fecerunt Pontifices, vt illud gentibus omnibus obtruderent, licet irrito aliquamdiu conatu, quum tot experimentis moniti Reges & Principes non poſſent non ſubolfacere, quid ea legiſlatione adfectet aula Romana *. Maluerunt ergo iuris Iuſtinianei ſtudia euehere, quam collum ſubmittere iugo illi Pontificis Romani duriſſimo. Selden. *in Diſſ. ad Fletam. VI, 5. p.* 1078.

obtrudere volebant Pontifices.

* Probauit hoc laudatus Seldenus inſigni loco Orderici Vitalis *Hiſt. Eccleſ. Lib. XIII. p.* 919. qui verba faciens de concilio generali ab Innocentio II. Papa anno MCXXXIX. Romae habito, illiſque qui illuc confluxerant: *Multa eis*, inquit, *Papa de priſcis Codicibus propalauit, inſignemque SACRORVM DECRETORVM TEXTVM congeſſit. Sed nimis abundans per vniuerſum orbem nequitia terrigenarum, corda contra eccleſiaſtica ſcita obdurauit. Vnde remeantibus ad ſua Magiſtris apoſtolica decreta paſſim per regna diuulgata ſunt. Sed nihil, vt manifeſto patet, oppreſſis & opem deſiderantibus profuerunt, quoniam a PRINCIPIBVS & OPTIMATIBVS REGNORVM cum ſubiectis plebibus parui penſa ſunt.* Quum vero eo tempore in lucem nondum prodiiſſet decretum Gratiani: intelligenda eſt alia Decretorum collectio, ipſius Innocentii Papae II. iuſſu confecta, niſi cum Bellarmino ſuſpicari malis, Gratianum iam ab anno MCXXVII. in adornando eo opere deſudaſſe. Potuit ergo Innocentius hoc ipſum opus licet nondum ſuis numeris abſolutum concilii patribus commendaſſe.

§. LXIII.

Hinc iuri Romano pretium statutum.

Inde factum, vt iam saeculo XII. multoque magis insequente in Germania passim prouocetur ad ius ciuile Iustinianeum, quamuis, quum in Episcoporum curiis & Decreto aliquis locus esset, simul ius canonicum non exigui vsus haberetur. Collegerunt ex variis diplomatibus & scriptoribus rerum Germanicarum eiusmodi formulas, Hertius *de Consult. Leg. & Judic.* §. *XIV*. Ill. Boehmerus *in Jur. Eccles. Protest. I*, 2, 48. Struu. *Hist. Iur. VI*, 39. *p.* 520. *sequ.* ex quibus patet, Germanos a saec. XII. actus suos ciuiles ad vtriusque iuris normam componere coepisse. Quum vero & nobis, quantum per negotia licuit, inquirentibus talia quaedam in manus inciderint: ea cum reliquis secundum temporis seriem disponere non pigebit, ita tamen, vt & Burgundici regni, quod tum Germanico vnitum erat, simul habeamus rationem.

§. LXIV.

Probatur id de saeculo XII.

Ex saeculo XII. non nisi pauca adferre licet, sed insignia. Anno enim MCL. apud Guichenon. *Bibl. Sebus. Cent. II*, 54. contrahentes renunciant *exceptioni non numeratae pecuniae, & non habitae, & omni LEGVM & CANONVM auxilio, super hoc competenti, vel competituro.* Paullo post, anno MCLVII. in diplomate Fridrici I. Imp. mentionem fieri *meri & mixti imperii, conditi testamenti, heredis instituti, facti legati*, iam supra (§.LIX.) ex eiusdem Guichenonii *Bibliotheca Sebusiana*

Cent. I, 81. oſtendimus. Anno MCLXXIX. in diſſidio Volcmari & Rudolphi, diuiſis ſuffragiis ad Archiepiſcopatum Treuerenſem euectorum, Volcmarus *ſequebatur curiam Romanam*, *pro eoque eſſe videbatur iuſtitia CANONUM*, *quum LEGISTAE pro parte Rudolphi legum iura ſtare*, contenderent. Arnold. Lubec. *Chron. Slau. III*, 10. Anno MCLXXIX. Bertholdum Archiep. Bremenſem; ac demum anno MCLXXXV. Henricum VI. Imp. a decretorum legumque peritia commendatos eſſe, iam ſupra monuimus *. (§. LX. *.)

* Addi poteſt teſtamentum vel inſtrumentum Comitis Homburgenſis Mathildis, ſcriptum anno MCLXCV. in quo monaſterio Saliuallenſi *palam*, *publice & expreſſe*, *pure & libere & ſimpliciter donatione pura*, *mera*, *valida & irreuocabili*, *quae dicitur INTER VIVOS pagum nomine Bourmont.* Addit ſub finem, ſe adhibuiſſe *Notarium publicum & teſtes ad praemiſſa vocatos ſpecialiter atque rogatos.* Calmet *Probat. Hiſt. Eccleſ. Lotharing. Tom. II. p.* 409. Quae omnia iuris Romani cautiones ſapere, nemo negauerit.

§. LXV.

Inſequens vero ſaeculum XIII. huiusmodi teſtimoniorum inſignem dat prouentum. Anno enim MCCIX. Capitulum Lugdunenſe ab eccleſia Cluniacenſi ſibi ſtipulatur ſeruitutem non altius tollendi, Guichen. *Bibl. Sebuſ. Cent. II. n.* 15. Anno MCCXXIV. apud Schatenium *Annal. Paderborn. Lib. XIII.* occurrit ſententia, quae plane hodiernum litigandi mo-

Itemque de ſaeculi XIII. initio.

dum redolet *. Anno MCCXXXV. apud Guichen. *Cent. II. n. 96.* reperimus contractum venditionis, in quo præter alia de pretio in rem verso reperimus formulam: *Renunciantes certa scientia exceptioni minoris pretii, non numeratae pecuniae, & non habitae, & privilegio fori, & exceptioni doli, & errori in factum, & omni auxilio* LEGVM *&* CANONVM, *& omni iuri scripto & non scripto.* Qualis renunciatio, *exceptionum doli, in factum, restitutionis in integrum,* etiam anno MCCXLVI. occurrit *Cent. II,* 98. quemadmodum anno MCCXLIV. apud eumdem *Cent. I n.* 98. permutatio quaedam fit *de consilio* IVRISPERITORVM, *& amicorum.* Et apud Leibnit. *Cod. Iur. Gent. P. I. p.* 16. habetur eodem anno conditum testamentum Ioannae, Comitis Flandriae & Hannoniae, in quo *clausula codicillaris, constitutio testamentariorum, testium subscriptio & subsignatio.*

* Sic & anno MCCXXXI. Henricus, Comes Barrensis in pactis dotalibus cum Margaretha Luceburgica initis, quaedam *decernenda* esse monet *per duos* DOCTORES, nec adsensum vtriusque pactis ad hoc electos. Calmet. *Probat. Hist. Eccles. Lothar. Tom. II. p.* 446.

§. LXVI.

Eiusque fine.

Talia vero & adultum iam saeculum XIII. ad finem eiusdem complura reliquit. In charta enim anni MCCLII. Rudolphus Landgrauius Alsatiae, apud Guillemann. *Habsb. VI,* 4. *renunciat omni iuris subsidio* CANONICI *&* CIVILIS, *consuetudinibus, constitutionibus* *editis & edendis*, & anno MCCLIX. *donationis propter nuptias*, suaeque *ad euictionem obligationis* meminit in charta apud eumdem *VI*, 2. Anno MCCLXVI. Simon, Episcopus Paderb. apud Schaten. *Lib. XI. p.* 112. prouocat ad *constitutiones* LEGALES & CANONICAS *, & anno insequente Rudolphus, Comes Tubingensis *renunciat omni iuri* CANONICO *seu* CIVILI, *in Monim. Wurtemb. de monast. Blaubeuren n. III.* Similes renunciationes insertas reperimus anno MCCLXXVI. diplomati Ducum Slauorum & Episcopi Camin. apud Rangon. *in Pomeran. Dipl. p.* 265. anno MCCLXXVIII. chartae Hermanni Comitis de Sulze, in *Monim. Wurtemb. P. I. p.* 255. anno MCCLXXX. litteris Rudolphi Regis Rom. apud Gewold. *in Antith. ad Marqu. Freher. lit. B.* anno MCCLXXXI. eiusdem diplomati apud Toelner. *in Cod. Dipl. Pal. n.* 112. *p.* 78. anno MCCLXXXIII. tabulis Capituli Ratisponensis apud Hund. *Metrop. Salisb. Tom. I. p.* 178. anno MCCXC. & MCCXCII. chartis, productis *in Deduct. Stolb. n. VII.* anno MCCXCVI. foederi inter Eduardum Regem Angliae & Guidonem, Flandriae Comitem, inito, apud Leibnit. *Cod. Iur. Gent. T. I. p.* 39. ** & denique anno MCCXCVIII. chartae apud Ill. Cancell. de Ludewig *Reliquiar. Tom. V. p.* 445.

* Eodem anno Robertus Episcopus Verdunensis apud Foppens *in Supplem. Mir. p.* 863. renunciat *priuilegio clericatus & fori, consuetudini & statuto, beneficio restitutionis in integrum, & omnibus exceptionibus generalibus & specialibus.*

** Anno MCCXCVII. Fridricus Lotharingiae Dux condidit testamentum, plane ex iuris Romani formula, adeo vt ne septem quidem testium rogationem & sigilla omiserit. Exstat illud apud Calmet *Probat. Hist. Eccles. Lotharing. Tomo. II. p.* 546.

§. LXVII.

Iam ergo his saeculis ius Rom. vna cum canonico inualuit.

Et haec quidem testimonia, quorum multo plura, si otium esset, accumulare facile potuissemus, satis superque indicant, iam ab ipsis Lotharii temporibus vtrumque ius canonicum & civile etiam in Germaniam paullatim penetrasse, adeoque non parum falli, qui saeculo demum XV. illud in academias primum, ac postea in forum, irrupisse existimant cum doctissimo Conringio *de Orig. Iur. Germ. Cap. XXXII.* Nec tenuia tum eius rei initia fuerunt, vt sibi persuadet vir doctissimus: sed certis argumentis constat, iam illis temporibus in ipso foro rationem vtriusque iuris esse habitam *.

* Ill. enim Cancell. a Ludewig in Programm: *von Verbesserung des Teutschen Lehn-Rechts p.* 14. chartam edidit, ex qua adparet, Comitem Schwartzburgicum, iudicem Austregalem inter Electorem Brandeburgicum & Archiep. Magdeb. electum, auditis partibus, cognitaque caussa, noluisse tamen sententiam ferre, nisi *aduocatis prius Romani iuris peritis.*

§. LXVIII.

Multoque magis saeculo XIV.

Vnde non mirandum, maxima incrementa iuris studium saeculo XIV. cepisse in vniversa Germania. Tunc enim inter domeſticos & palatinos Balduini Archiep. Treuerenſis, quem anno MCCCVIII. electum conſtat, primo ſtatim loco recenſentur LEGISTAE & CANONISTAE. *Auct. Geſt. Balduini I*, 12. Biennio ante mentio fit *actionum perſonalium, realium & mixtarum* apud Leibnit. *Cod. Iur. Gent. T. I. p.* 113. Anno MCCCXXXIII. celebratur Vdalricus de Augusta, Imperatoris ſcriba ſecretus, homo in vtroque iure peritus. Trithem. *Chron. Hirſaug. ad ann. MCCCXXXIII.* Anno ſequente chartae Humberti, Delphini Viennenſis, ſubſcribit Amblardus de Bellomonte, IVRIS CIVILIS PROFESSOR, Protonotarius Delphinatus. Guichenon. *Biblioth. Sebus. Cent. II*, 18. In decreto Renſenſi anno MCCCXXXVIII. de iuribus Electorum dicitur: *Haec veriſſima eſſe, conuenit inter omnes Annalium, rerum humanarum diuinarumque peritos, atque iam ſaenius*, VTRIVSQVE IVRIS, CAESAREI *itque* PONTIFICII, *coeleſtis theſauri teſtimoniis comprobatum eſt.* Goldaſt. *Tom. III. Conſt. Imp. p.* 409. Teſtamentum Henrici Ep. Lubec. anno MCCCXL. plane ad iuris Rom. formulas conditum ex chartulario Lubecenſi eruit Illuſtr. Boehmer. *Iur. Eccleſ. I*, 2, 47. *p.* 115. In charta de anno MCCCXLIII. memorantur ſubſtitutio teſtamentaria, ſtipulatio ſollemnis, donatio inter viuos, apud Guichen. *Biblioth. Sebuſ. II. n.* 22. *Emancipationis ſollemnis* Philippi, Ducis Burgundiae, exemplum eſt apud Leibnit. *Cod. Dipl. Iur. Gent. T. I. p.* 221. In Academia Viennenſi anno MCCCLXV. fuere *Professores iuris* CANONICI & CIVILIS. Lambec. *Bibl. Vindob. II*, 5. *p*. 85. 164. *sequ.* Vt iam non accumulemus innumeras formulas, quibus iuris vtriusque beneficiis annis fere singulis huius saeculi nuncium miserunt Germani nostri *.

* Tales formulas hic tantum per lancem saturam indicabimus. Occurrunt eiusmodi renunciationes, factae anno MCCCV. apud Leibnit. *Cod. dipl. Iur. Gent. T. I. p.* 113. anno MCCCVI. *in der Waldeckischen Ehren Rettung. n.* 36. *p.* 3. anno MCCCXI. & MCCCXVIII. in Chartulario Lubecensi, de quo Ill. Boehmer. *I*, 2, 47: *p.* 115. anno MCCCXIX. apud Ill. a Ludewig *Reliqu. MSC. Tom. VI. p.* 4. 6. anno MCCCXXIV. apud Schaten. *Annal. Paderb. Lib. XIII. p.* 360. anno MCCCXXVIII. apud Leibn. *T.* 1. *p.* 128. anno MCCCXXX. & MCCCXXXI. apud Ludewig *Reliqu. Tom. V. p.* 553. & 625. anno MCCCXXXVIII. & sequente apud eumdem *Tom. V. p.* 546. 548. 630. 639. 565. anno MCCCXLI. apud Leibnit. *Tom. I. p.* 154. anno MCCCLVI. apud Ludewig. *Tom. V. p.* 518. anno MCCCLXVII. in *Monim. Wurtemb. Part. I. p.* 917. anno MCCCLXXVII. apud Schaten. *Annal. Paderb. p.* 399. Nos speciminis loco adferemus renunciationem talem Stephani Palatini Com. Rheni & Ducis Bauariae, ex diplomate anno MCCCXXXVIII. scripto editoque a Gewaldo *Antith. ad Marqu. Freher. edito p.* 20. quia & Germanica est, & maxime singularis: *Ob wir oder der deheiner, dez Got nicht engeb, als khranck weren, daz wir oder ihr deheiner dawider teten, oder thuen wolden, uns dawider nit behelffen mit deheiner dispensation, absolution, relaxation, abolition, in integrum restitution, deheinerlay beneficio, wie*

daz genant ſey, etz khomm wanne oder wie etz khöm, etz geſchech vmb vnſer oder ander leut beth, oder daz man nennet ze Latein ex officio. Vbi quaedam ad ius ciuile, alia ad ius canonicum pertinere, vnusquisque intelligit.

§. LXIX.

Quo magis vero feruebant his saeculis iuris ciuilis ſtudia: eo magis de eccleſiaſtici incrementis ſollicitus erat Pontifex Romanus. Hinc poſt varias ISIDORI MERCATORIS, IARLANDI, ipſorumque Pontificum collectiones Gregorius PP. IX. circa annum MCCXXX. per RAYMVNDVM DE PENNA FORTI, Capellanum ſuum, compilauit DECRETALIVM libros quinque: Matth. Pariſ. *ad ann. MCCXXXV.* Io. Chifflet. *de Iur. Architect. Cap. VI.* Ziegl. *in Diſſ. praelim. ad Lancell. §. LI ſequ.* cui poſtea anno MCCXCVIII. librum VI. eodem modo in libros V. diuiſum adiecit Bonifacius Papa VIII. Henr. Stero *in Annal. ad ann. MCCXCVII.* eumque cum ſuperioribus in fora & academias introduci iuſſit, quamuis in Gallia auctoritatem minime obtinuerit. Franc. Duaren. *praef. libri de Sacr. Eccleſ. miniſt.* Iis saeculi ſequentis anno XIII. acceſſere CLEMENTINARVM itidem libri V. a Clemente PP. V. ita adpellatae. Baluz. *de Pap. Auenion. p. 60.* & EXTRAVAGANTES tum IOANNIS PP. XXII. anno MCCCXL. tum COMMVNES, exeunte saeculo XV. collectae *. Ziegl. *Diſſ. praelim. ad Lancell. §. LVIII.*

Pontifex Decretales publicat.

* Librum ſextum Decretalium iuſſu Bonifacii

PP. VIII. collegerunt Guill. de Mandagollo, Archiep. Ebrodunenſis, Berengarius Fredo, Biterrenſis Epiſc. & Magiſter Richardus de Senis S. R. E. Vicecancellarius. CLEMENTINAS mortuo demum Clemente PP. V. promulgauit anno MCCCXIII. Ioannes PP. XXII. Idem Pontifex anno MCCCXXV. Extrauagantes edidit, nec tamen eas ſpeciali reſcripto ad vniuerſitates miſſo confirmauit. Communes priuati hominis ſtudio collectas eſſe poſt annum MCCCCLXXXIII. ex *c.* 2. *de reliqu. & vener. ſanct.* colligitur. Vid. Nic. Frerotii *Paratitla ſexti Decret. Clementinar. Extrauagant. & extrau. commun.*

§. LXX.

Germani de conſeruando iure patrio laborare incipiunt.

At non tamen ideo nuncium iuribus patriis mittebant Germani, ſed iuribus his peregrinis tantum vtebantur, tamquam illorum ſupplemento. Quin erant, qui aegre ferrent, has lacinias iuri Germanico adſui, ac proinde illud conſeruare omni ope niterentur. Quo factum, vt ipſi Reges Germaniaeque ordines leges veteres in vſum reuocare, conſuetudineſque litteris mandare ſtuderent, & ſubinde nouas conderent, quibus obex quodammodo poneretur peregrinis iſtis iuribus.

§. LXXI.

Hinc veteres leges ac iura ſeruari iubent Impp.

Imperatores & Reges ipſos cum imperii ordinibus de conſeruando iure patrio fuiſſe ſollicitos, primo inde patet, quod his ſaeculis non ſemel publica lege cauerunt, vt iuri antiquo patrio ſua conſtaret auctoritas. Sub Ottone enim IV. Imp. anno MCCVIII. in comitiis Francofurtanis ſancitum, *vt omnia* *iura a Carolo M. instituta, obseruarentur, tenerenturque* *. Godofred. Monach. *in Chron. ad ann. MCCVIII.* Anno MCCXXV. in comitiis Moguntinis celeberrimis, teste eodem Godofredo, *pax iurata, vetera iura stabilita, noua statuta, & Teutonico sermone in membrana scripta omnibus publicata.* Quod vetustissimum legis, patria lingua scriptae, monimentum edidit Goldast. *P. II. Reichs Satzung. p.* 17. Eodem feruore legum patriarum vsum firmatum animaduertimus a Rudolpho Habsburgico; in comitiis non solum Herbipolitanis, anno MCCLXXXVII. sed & Spirensibus anno MCCXCI. apud Lehmann. *in Chron. Spir. V*, 108.

* Nec tamen hic intelligenda videntur capitularia, sed leges Saxonibus, aliisque gentibus Germanicis a Carolo M. latae. Etiam fere in consuetudinem res abierat apud Germanos, vt quaeuis paene gens mores suos ac priuilegia Carolo M. tribueret. Exempla in iure tum prouinciali Saxonico, tum Weichbildico, itemque apud Frisios, aliasque gentes vbique occurrunt. Conring. *de Orig. Iur. Germ. Cap. XIII.* Gryphiander *de Weichbild. Cap. LIV.*

§. LXXII.

Imperatores & ordines nouas leges condunt.

Deinde ipsos Imperatores Principum consilio a Lotharii temporibus frequentius tulisse leges nouas, easque scriptas promulgasse in Imperio, satis constat. Tales fuere leges Fridrici I. feudales, de quibus Radeuic. *de Gest. Fridrici I. Imp. II*, 7. * tales eiusdem constitutiones apud Goldast. *Constit. Imp. Tom. III. p.* 330. Talis eius pax publica, in comitiis

Noribergenſibus anno MCLXXXVII. publicata, de qua Abb. Vrſp. *ad ann. MCLXXXVII.* & Datt. *de pace publ. Cap. II.* §. 69. *p.* 19. Superſunt & aliquot leges Ottonis IV. apud Goldaſt. *Tom. III. Conſtit. p.* 371. Fridrici II. de quibus Pfeffing. *in Vitriar. illuſtr. I,* 2. *p.* 67. Vt alia huius generis omittamus. Mirandum enim profecto, collectiones Receſſuum imperii antiquiorem nullam exhibere, quam ex ſaeculo XV. in cuius rei cauſſas inquirit Ill. Cancell. a Ludewig *in Aur. Bullam Tom. I. p.* 15.

* In primis huc pertinet libellus de BENEFICIIS, quem dudum a Io. Hauichorſtio Col. 1569. editum, tamquam ἀνέκδοτον edidit celeb. Thomaſius *in Selectis Feudalibus.* De huius vero libri aetate, quae dicenda erant iam *in praefatione priori editioni praemiſſa p. XXII.* diximus.

§. LXXIII.

Iuraque patria in ſcripturam redigunt.

Denique tam certum, quam quod certiſſimum eſt, non aliam ob cauſſam ab his temporibus ſcribi coepiſſe tot leges prouinciales ac ſtatuta, quam vt irruentibus in forum iuribus iſtis peregrinis obicem ponerent Principes ac ciuitates. Iac. Frid. Ludou. *Prooem. Spec. Sax.* §. *XII ſequ.* Nec alio pertinent illa Repkouii *Lib. I. art.* 3. *Der Bapſt mag kein Recht ſetzen, da er unſer Landrecht oder Lehen-Recht mit aendern oder kraencken moege*.* Eo conſilio ſaeculo XII. ad ſcribendum Speculum Saxonicum EPKONEM DE REPKAV excitauit HOYERVS A FALKENSTEIN: eodem ſcriptum eſt SPECVLVM SVEVICVM, totque ex eo tempore condita sunt iura prouincialia & municipalia statuta, vt taediosum esset, eorum numerum inire.

* Paullo ante enim innotescere in hoc terrarum tractu coeperant Pontificum Decretales, iisque Monachi Montis Sereni prope Halam nostram primum vsi sunt circa annum MCCV. ad quem in *Chronico Montis Sereni p. 79. edit. Maderi* haec legimus: *Ad hoc primum tempus fratres Sereni Montis adpellationis & verborum Decretalium, eis adhuc ignotorum vsum habere coeperunt, quarum rerum praefati Tiderici electores a Bertholdo Merseburgensi praeposito & Henrico, eius fratre, informati auctores fuerunt.* Qui sane locus, notatu dignissimus hic non fuit praetermittendus.

§. LXXIV.

Quod ad Speculum Saxonicum attinet, auctoris vtriusque aetatem nos ignorare haut patiuntur tot chartae ac diplomata, in quibus commemorantur. Testis enim citatur HOYERVS COMES A VALKENSTEIN anno MCCXV. apud Beckmann. *Hist. Anhalt. P. III. Lib. II. p.* 213. & anno MCCXIX. in Charta alia Henrici Comitis de Ascherslebe apud Leukfeld. *Antiquit. Pold. p* 288. eique iungitur HECCO vel EICO de REPKAV vel REPECHOVE. Idemque HOYERVS laudatur anno MCCXXX. MCCXXXIII. & MCCXLI. in diplomatibus quibusdam apud Ketner. *in Antiq. Quedl. p.* 219. 260. *&* 264. *& in Dipl. Quedl. p.* 254. 256. *seqq.* 261. 264. 266. *sequ.* 273. 279. 332. adeoque nullum est dubium, quin iisdem circiter temporibus com-

Speculi Sax. auctor & aetas.

pilatum a Repkouio ſit SPECVLVM ſeu IVS PROVINCIALE SAXONICVM *.

* Et quidem inter annum MCCXV. & MCCXXXV. Nam *Lib. I. Iur. Prou. Sax. art.* 3. mentio fit *Cap. non debet. X. de conſangu. & adfin.* quod anno MCCXV. ab Innocentio PP. III. in concilio generali latum eſt. Ergo poſt illum annum perpolitum eſſe oportet hoc ſpeculum. Deinde *Lib. III. art.* 62. enumerantur feuda imperii vexillaria, in quibus locum non inuenit Ducatus Brunsu. & Luneburgicus: qui quum anno MCCXXXV. *inſtitutus ſit a Fridrico II. conſequens eſt*, vt ante hunc annum opus ſuum abſoluerit. Conring. *de Orig. Iur. Germ. Cap. XXX.*

§. LXXV.

De eo iudicium.

Quamuis vero multi huius Speculi naeui ſint, multae nugae ac naeniae, maxime, vbi aut philoſophatur auctor, aut hiſtoricum agit, aut ius publicum Germanicum exponere conatur: fatendum tamen eſt, Repkouium laudabili induſtria collegiſſe iuris priuati patrii, per vniuerſam Germaniam inferiorem recepti, reliquias*. Vnde huic Epkonis induſtriae reliquos eius naeuos, ſaeculo, quo ſcripſit, proprios, facile condonamus. Quod vero & ex iure Canonico & ciuili Romano quaedam inmiſcuit, (Vid. *Ius Prou. Sax. II*, 63. *I*, 37. *II*, 56,) nouo argumento eſt, iura illa peregrina iam tum Germanis haut ignota fuiſſe.

* Teſtis eſt ipſe Repkouius *in praef. rythm.*
Dies Recht hab ich nicht erdacht,
Es habens vor Alten auf uns bracht,
Vnſere gute Vorfahren.
Et pleraque ſane, quae in hoc Speculo tra-

duntur legibus veterum Saxonum, Frisiorum, Angliorum, Francorum, quin & Normannorum paene gemina esse Ill. Gaertnerus in *edit. LL. Saxonic. & Frisiorum* multis exemplis ostendit. Quin & nos postea multo plura ac luculentiora huius consensus specimina dedisse videmur in *Elementis iuris Germ.*

§. LXXVI.

Eius editiones.

Ipse Repkouius fatetur, initio se hoc opus Latine scripsisse, posteaque non sine difficultate illud in linguam vernaculam transtulisse. *Praef. rhythmica Spec. Sax.* Exstat & hodie, Latinum exemplar, quod tamen non est a Repkouio, sed ab homine peregrino, & fortassis Polono, nescio quo, siquidem hic interpres, quisquis sit, ne intellexisse quidem satis videtur linguam Germanicam. Schilter. *Exerc. XVI*, 35. Authenticum hoc exemplar lingua Saxonica antiqua, qualis in Ducatu Magdeb. & vniuersa inferiori Saxonia tum fuit, scriptum est, ceu & tot codices MSCi, & editiones veteres, testantur. At demum in dialectum Misnicam illud transtulerunt WOLFGANGVS LOSS, ciuis Fribergensis, & CHRISTOPH. ZOBEL *. Codices MSSC. qui passim reperiuntur, variasque operis editiones cum cura recensuere Gryphiander, Lambecius, Werlhoffius, Hertius, Struuius, Ludouici, Gaertnerus, quas repetere hic breuitas vetat & instituti ratio.

* Sed sicuti Latinus Germanicam: ita Zobelius Saxonicam dialectum non satis intellexisse videtur. Hinc saepe Saxonicum *leven*, vita verti videmus *leib*, corpus. Sic cum equus

asthmaticus auctori sit *bärtschlegig*, Zobelius id vertit *baarschlechtig*, quasi de equo scabioso loquatur. Talia passim obseruabit, qui varios codices Saxonicos cum illa versione, maxime Zobeliana contulerit.

§. LXXVII.

Ius feudale Saxonicum.

Accessit & IVS FEVDALE SAXONICVM, quod in Codicibus MSSC. iuri prouinciali plerumque, tamquam liber quartus, adiungitur, & eidem auctori EPKONI DE REPKAV tribuitur. Eiusdem sane illud aetatis videtur, eumdemque stilum & methodum praefert, quam in Iure prouinciali obseruamus, vt nihil prohibeat, quo minus EPKONI tribuatur. De eo plura dixit Iac. Frid. Ludouici *in Proleg. Iur. Feud. Sax.* Struu. *Hist. Iur. VIII*, 16. Thomas. *Select. Feudal.* §. *IX. sequ.*

§. LXXVIII.

Ius Weichbildicum.

Recentius est ius municipale Magdeburgicum, seu WEICHBILDICVM, quod vel exeunte decimo tertio, vel sequente demum saeculo ineunte Magdeburgi videtur compilatum *, & consuetudines istius ciuitatis, sed iuris ciuilis laciniis passim deformatas, complectitur, Weichb. Art. CXIX. CXXI. CXXVIII. non tamen ita, vt Aen. Sylu. *in Europ. Cap. XXIV.* id iure vocet *ius ciuile abbreuiatum, & Saxonica lingua conscriptum.* De huius quoque iuris Weichbildici editionibus plura obseruarunt scriptores paullo ante laudati, in primis Iac. Frid. Ludouici *in Proleg. Weichb.* §. *XVI. seq.*

* In Vindebonensi enim bibliotheca codices quadringentorum annorum iam superiore saeculo reperit Lambec. *de Biblioth. Vindeb. II*, 8. *p.* 831. Et ita in medium saeculum XIII. incideret huius libri origo. Sed vereor, vt tantam antiquitatem tueatur ius municipale multo inquinatius, quam reliqua iura Saxonica, eo tempore scripta.

§. LXXIX.

Quamuis vero Pontifici minime omnium placeret illud iuris Saxonici corpus, adeo vt plures eius articulos damnarint Gregorius PP. IX. anno MCCCLXXI. & postea Eugenius PP. IV. Vid. *Bull. ad Archiep. Rigens. post Spec. Sax. p.* 485. tanto tamen plausu receptum est non modo per archiepiscopatum Magdeburgicum & terras Anhaltinas, vbi genuina huius iuris patria est, verum etiam per Misniam & Thuringiam, marchiam Brandenburgicam, Lusatiam, Boemiam, Silesiam, Ducatum Magdeburgicum, Holsatiam, terras Brunsuicenses, quin & Borussiam, Poloniam, Daniam, Transsyluaniam*, vt veluti ius commune harum aliarumque gentium haberetur, & hinc frequentissime exteri, sententiis grauati, ad Scabinatum Magdeburgicum prouocarent. Leuberi *Stapul. Sax. n. DXL.* Iuris Saxonici auctoritas.

* In omnibus his prouinciis viuebatur iure Saxonico, quamuis alibi *ius prouinciale* ac *feudale*, alibi *ius Weichbildicum*, maiore polleret auctoritate. Fusius hoc probauit Struuius *Hist. Iur. VI*, 23. qui & *p.* 475. de terris Meclenburgicis, & Brunsuicensibus ostendit, ibi abrogatum esse ius Saxonicum, adeoque eo ip-

ſo eius vſum veterem in his prouinciis confirmauit. Sed quod ad terras Brunsuicenſes attinet, vſus iuris Saxonici in illis clariſſime demonſtratur ex vſu Geradae, vel *Frauen-Radae*, de qua Io. Andr. Schmid. *in Helmſt. ſaeculis XIV. & XV. per Frauen-radam adflicto. Helmſt.* 4. In Holſatia & vrbe Luneburgenſi eius adhuc hodie vſum aliquem eſſe, obſeruauit Hert. *de Conſultat. Leg. & Iudic.* §. *XV. p.* 430.

§. LXXX.

Speculi Sueuici aetas.

Eodem exemplo poſtea & SPECVLVM SVEVICVM conditum eſt, & quidem medio circiter ſaeculo XIII. Nam in eo mentio fit non modo Innocentii Papae III. & Ottonis IV. Imp. quorum ille anno MCCXVI. hic non multo poſt deceſſit, *Spec. Sueu. I*, 348. & ita quidem, vt eorum certamen ſe tamquam rem antiquam legiſſe auctor profiteatur, ſed & Decretalium, quas anno demum MCCXXXV. prodiiſſe diximus, (§. LXVIII.) *Spec. Sueu. I*, 5. quin & Fridrici II. qui MCCL. obiit. *Spec. Sueu. II. epilog.* Non multo poſt tamen illud conditum eſſe manifeſtum eſt ex editione Io. Frid. Schannati, §. *CXLIV. p.* 253. vbi verba: *Verraeter haiſſen wir, dy mit red ain verpalmundent, alſo das ſy in ſagent von ſeiner Chriſtenhait, als dy Myner Prüder Kaiſer Fridrich teten*, & paullo poſt: *Das teten all dij Mijner Prüder dem Kayſer Fridrichen*, vbi de hiſtoria illa, tamquam recenti, loquitur. Accedit, quod Speculum hoc Archipincernatum tribuit Ducibus Bauariae, qui ab anno MCCXXXI. cum Boemiae Rege de eo officio Imperii altercati ſunt, donec ſecundum hunc litem dedit Rudolphus I. Imp. anno MCCXC. Toeln. *Cod. Dipl. Palat. n. CIX. p.* 76. Vnde denuo conſequitur, vt Speculum iſtud inter annum MCCL. quo Fridricus II. obiit, & annum hunc MCCXC. in lucem prodierit*, adeoque Saxonico multo ſit recentius, quod tamen negaſſe nouimus viros doctos, Lambec. *Biblioth. Vindeb. II, 8. p.* 825. & Schilter. *in Praef. Iur. Feud. Alam.* §. *XVII.*

* Quare nec adſentiri poſſumus V. C. Io. Sam. Brunquell. qui in *Hiſt. Iur. I,* 6, 23. hoc Speculum Sueuicum ſaeculo XIV. conditum eſſe, cenſet, ſequutus, ut opinor, Conringium, qui *de Orig. Iur. Germ. Cap. XXX. p.* 136. id paullo ante Ludouici Bauari Imp. tempora confectum eſſe ſcripſit.

§. LXXXI.

Plura vero eius exſtant exemplaria, inter ſe haut parum diſcrepantia. Nam praeter illud, quod ſequutus eſt Seb. Meiſchnerus *im Kayſerl. und Koenigl. Land- und Lehn-Recht*, quod deinde ſimiliter expreſſerunt Melch. Goldaſtus *Tomo I. der Reichs Satzungen p.* 31. & Io. Steph. Burgemeiſter *im Teutſchen Corpore Iur. Dipl.* editionem nouam & a reliquis & ordine & verbis paſſim diſcrepantem edidit Io. Fridr. Schannat *in der Sammlung alter Hiſtoriſcher Schrifften Part. I. p.* 163. *ſequ.* & nouiſſime ex MSCo Argentoratenſi Io. Aug. N. D. de Berger *Lipſ. MDCCXXVI.* 4*to.* *. Variae editiones.

* Ne iam dicamus de noua editione, quae in Io. Schilteri *Theſauro Antiqu. Teuton. Tom. II.*

prodiit, vbi V. C. Io. Ge. Scherzius non modo totum illud ius Alamannicum ex insigni codice Krafftiano edidit, sed & codicem illum cum aliis XI. MSSC. & VI. impressis diligentissime contulit. In *praefatione praemissa p. IV.* virum doctissimum eamdem mecum sententiam de Speculi huius origine & auctoritate fouere non sine voluptate obseruaui. Et meretur sane tota illa praefatio legi, quum nemo maiore instructus adparatu animum adpulerit ad Speculum istud nitori suo restituendum.

§. LXXXII.

De eo iudicium.

Est & hic iuris Germanici thesaurus egregius, ac proinde iuri Saxonico in multis conuenit. Multa tamen auctor admisit ex iure Romano, veluti *Lib. I. Cap.* 6. 41. 64. 67. 315. & 327. & vbi philosophatur, aut de iure publico differit, non minus desipit, quam Speculator Saxo. An vsum vmquam hoc ius in foro habuerit, fuere, qui dubitarent.* Sed sunt sane diplomata, quae manifesto prouocant ad decisionem iuris Sueuici, quae iam produxit Datt. *de pace publica. IV, I,* 21.

* Merentur ea de re legi verba laudatissimi Scherzii, *in praef. p. IV. Quamuis autem hoc opus, prout hic iacet, legis robore donatum fuisse, nullus credam, attamen plurimum inde vtilitatis, tum ad illustrandas antiquitates patrias, tum ad iurisprudentiam hauriri posse adsero. Nihil enim rationi sanae magis conuenit, quam vt in foro, si de pactis, contractibus, diuisionibus familiarum, litteris inuestiturarum similibusque, quae antiquis temporibus fuere facta, iudicium ferendum sit, illa interpretemur iuxta vsum moremque illorum temporum, quibus*

fuere celebrata: vsum vero antiquiorum temporum in hoc opere repraesentari, vel Tiresiae clarum est, & probauit id multis exemplis Schilterus in Comm. ad ius feud. Alamann.

§. LXXXIII.

Ius Feudale Sueuicum Alamannicum.

Accessit & huic Speculo, seu iuri prouinciali, IVS FEVDALE, quod paullo post ius prouinciale, & fortassis ab eodem auctore, conditum est, siquidem aliquoties lector ad ius prouinciale, tamquam ad partem priorem, remittitur. *Ius Feud. Alam. I*, 120. 168. Quare male de libri huius vetustate iudicarunt Lambecius, Schilterus & alii, qui illum diu ante Speculum Saxonicum natum existimant. Thomas. *Select. Feud.* §. *LXIII.* Editionem accuratissimam huius libri, ad codicem Ambrosianum bibliothecae Vindebonensis expressam, & luculento commentario illustratam dedit Schilterus, Arg. MDCXCVII. 4. & nouissime Io. Aug. N. D. de Berger *Lips. MDCCXXVI.* 4.

§. LXXXIV.

Iura prouincialia varia.

Nec tantum communia illa Germaniae iura colligi sedulo coeperunt, sed & prouinciae singulae suas leges & consuetudines in scripturam iisdem fere temporibus redegerunt. Tale sane est IVS PROVINCIALE AVSTRIACVM, anno MCXC. conditum, quod ex Codice MSC. edidit Illustr. Cancell. noster a Ludewig *Reliquiar. Tom. IV. p.* 1190. *sequ.* Tale IVS PROVINCIALE BAVARICVM, quod anno MCCCXLVI. condiderunt fratres Ludouicus, Marchio Brandenburgicus, & Stephanus, Ludouicus & Guilielmus Comites Palatini Rheni, & Duces Bauariae, qui tamen profitentur, *dass sie zu Rat worden mit ihrem Herrn und Vaeterlein, Kayser Ludwichen von Rom.* Codicem MSC. elegantem membranaceum, similemque per omnia illi, quem descripsit Lambec. *Bibl. Vind. II*, 8. *p.* 834. in Bibliotheca Hoffmanniana Francofurti vidi. Tales denique sunt leges, quas Tiroliensibus anno MCCCXCVII. dedit Leopoldus Dux Austriae, teste Hundio *in Metrop. Salisb. Tom. I. p.* 450. *

* Ad hanc eamdem epocham pertinent etiam Stadensium statuta, quae ipse MSSC. possideo, quorum in praefatione, quae incipit: *Iuste iudicate filii hominum* haec quoque legimus: *In dem Iare von onses Heren Godes Bort tusend twe hondert negen vnd seuentich in dem Mayge, do worden de meenen radmanne vnde de mittigsten van diser Stadt tho Stade to rade, to Sünte Martinus Dage, also men then rade kesen schall*, sequuntur deinceps ipsa statuta, variaque additamenta, quorum singulis haec praemittitur formula: *Hinder den tweeden (derden, vöffden) stükke syn volgende Capittel natho gedichtet.* Ex quibus patet primis his atque antiquissimis statutis postea varia SCta paullatim accessisse, adeoque non omnia esse eiusdem aetatis.

§. LXXXV.

Leges gentium exterarum Germanicis similes.

Quin & exterae gentes, quae leges & consuetudines Germanicas ob communem originem seruabant, iis temporibus illas in scripturam redigebant, ne a iure Romano & Canonico agerentur in exsilium. Nam & Codex

LEGVM DANICARVM auſpiciis Woldemari II. Regis anno MCCXXXII. * confectus eſt, de quo aliiſque Danorum Legibus conſulendus Ill. a Ludew. *in praef. Tomi IX. Reliqu. p.* 5. *ſequ.* Et NORMANNI LEGES ſuas, quas ſecum ex Septemtrione attulerant, Germanicis plane geminas, litterarum monimentis conſignarunt anno circiter MCCL. ceu docet Codex MSC. Bibliothecae Ludewigianae, ex qua illas cum notis ſuis edididit Illuſtris poſſeſſor *Tom. VII. Reliquiar. p.* 149. *ſequ.* **

* Certum id eſt de legibus Cimbricis, quas anno MCCXXXII. in comitiis Vordingenſibus a Waldemaro II. praeſentibus filiis Erico, Abele & Chriſtophoro Ducibus conditas eſſe omnes fatentur. At Scanicas non a Waldemaro II. ſed primo anno MCLXI. conſcriptas, & poſtea ab Andrea Sunonis Archiepiſcopo Latine redditas eſſe erudita *praefatione editioni Latinae Hafnienſi* 1590. 4. praemiſſa demonſtrauit Arnoldus Huitfeldius.

** Sed & Suedicae leges eiuſdem fere aetatis ſunt. Vplandicas enim, a S. Erico primum vel ſcriptas, vel collectas, publicauit ſuiſque auxit Birgerus Magni, Rex, qui circa annum MCCXCV. vixit: quemadmodum paullo ante anno MCCLI. Birgerus Iarl. ius municipale Sueciae ciuitatum in ordinem redegit. Qua de re ex inſtituto agit Io. Loccen. *Antiqu. Sueo Goth. II,* 2. *p.* 35. Brabantinorum quoque Ducum conſtitutiones circa annum MCCCXII. compilatas publicataſque eſſe, iam docuit Herm. Conring. *de Orig. Iur. Germ. Cap. XXVIII. pag.* 167. Leges Boemicas a Carolo IV. latas digeſtaſque in ordinem ſub titulo *Maieſtatis Carolinae* edidit Paullus Geſchinius *Francof.* 1617. *fol.*

§. LXXXVI.

Ciuitates patrii iuris ſeruantiſſimae.

Sed ciuitates praecipue, in quibus Scabini, non niſi iuris patrii periti, maxima auctoritate pollebant, manibus pedibuſque enixe omnia agebant, ne iura peregrina intra moenia ſua reciperentur. Hinc multa vel condita, vel in ſcripturam primum redacta ſunt STATVTA vrbium praecipuarum, non modo liberarum, ſed & municipalium. Vbi id maxime notatu dignum, eas ciuitates, vnde alia oppida ius ſuum municipale petiuerant, ab his veluti metropoleon loco habitas, & a ſententiis domi latis prouocatum eſſe ad illas vrbes, quarum iura adoptauerant, qui mos hodienum quibuſdam locis obtinet *.

* Auctor eſt Ioannes Sibrandus in *Iur. publ. vrb. Lubec. Part. I. Sect.* 10. *n.* 7. Roſtochienſes, quia iure Lubecenſi vtebantur, adpellationes a tribunali Roſtochienſi detuliſſe ad Lubecenſe. Idem *n.* 15. *p.* 102. adducit priuilegium Stralſundenſibus conceſſum anno MCCCXIV. quo permittitur ciuibus, *daſs ſie moegen und ſollen ihre beſchuldene Vrtheil führen und holen zu Lübeck.* De adpellationibus Neomagenſium ad Scabinatum Aquiſgranenſium deuolutis, ſimilique more apud Belgas paſſim obuio, quaedam haut vulgaria differit Io. Iſaac. Pontan. *Hiſt. Gelr. Lib. I. p.* 59. quibus ex Conringio *Cap. XXVIII. p.* 169. addimus, alias quoque vrbes Rhenanas partim Aquiſgranum, partim Coloniam prouocare ſolere a cauſſis dubiis. Helmſtadienſes *a tribunali* magiſtratus ſui *ad conſiſtorium Magdeburgenſe ſolitos adpellare*, refert Magnus Dux Brunſu. & Ioannes Ab-

bas Werthinenſis in diplomatibus anni MCCCLVIII. apud Schmid. *de Helmſtadio per Frawenradam adflicto p.* 6. 8. Vnde non mirum, Polonos quoque & Boemos Halam vel Magdeburgum, a quibus ius acceperant prouocaſſe. *Weichb. Art. X.* §. 1. quem morem tamen in Polonia anno MCCCLVI. ſuſtuliſſe Caſimirum II. Regem, memoriae prodidit Mechou. *Chron. Polon. IV.* 19.

§. LXXXVII.

De huiusmodi ſtatutis iam ſatis prolixe a Cl. Struuio *Hiſt. Iur. VI*, 27. aliisque actum. Nos de praecipuis, & quibus apud alias quoque ciuitates honor fuit, agemus. Et hic neſcio, an non primum ſibi locum merito vindicet IVS SVSATENSE. Celeberrimum illud municipium iam olim εὐνομίᾳ tantam ſibi famam pepererat, vt multae aliae ciuitates inde leges ſuas peterent, easque veluti beneficium acciperent ab Imperatoribus. Arnold. *Lub. II*, 35. Lambec. *Orig. Hamb. I. n.* 98. Henr. Meibom. *Introd. ad Hiſt. Sax. infer. p.* 81. At illud antiquum apud ipſos Suſatenſes paullatim obſoleuiſſe videtur. Nam nouum ius Suſatenſe, (*die Soeſtiſche Schraden* vel *Schragen*) in plerisque a iuris Lubecenſis principiis diſcedit *.

Statuta Suſatenſia.

* Ipſe poſſideo apographum iuris municipalis Suſatenſis, cuius prima pars, continens *das alte gekorne und gepruvede Recht* incipit: *In dem Boke von oberſten Gude ſchrivet Meſter Boetius, dat man in allen Beginnen ſal anropen den allmachtigen Vader und Schopper aller Dinge &c.* Conſtat illud *articulis CLXXVI.* & quamuis ſub finem legamus: *Actum & concor-*

datum anno Dni milesimo quadringentesimo quadragesimo secundo, feria sexta post beati Cuniberti Episcopi: articulo tamen *CLI.* adscriptum: *anno Domini MCCCL. articulo CLVI. anno Dni MCCCIX. crastino Alexii Confessoris: articulo CLVII. anno Domini MCCCLXX. in die beati Bonifacii. articulo CLXXIII. sub anno Domini MCCCLXVIII. in die Dominica, qua cantatur Laetare:* vt adeo librum hunc subinde auctum esse, satis adpareat. Conf. Henr. Melch. Schutte *Diss. de iure Susat. eiusque & iur. ciu. collatione in success. ab intestato.* Altera pars eumdem titulum habens *dat alde und geprovede Recht der Stadt von Soest.* constat articulis CXXX. eiusque initium est: *Tho den ersten so seyn drey Gerichte binnen der Stadt, dat ein vnses Herrn van Colln, dat ander des Provestes van Soest, und dat derde des Rats.* Tertia pars inscribitur: *Des gemeinen Gerichts Process*, titulisque constat XIX. quorum initium est: *Socrates der Heydnische Philosophus spricht: Das recht ist einer spinnen-weben gleich. &c.* Sub finem subiiciuntur quaedam sub rubrica: *Dit sind nachfolgende Urtheil, ins freyen Stobls Gerichte geboerig belangende.*

§. LXXXVIII.

Ius Lubecense.

Ex iure hoc Susatensi natum est LVBECENSE * & HAMBVRGENSE. Et Lubecenses quidem, qui antea, teste Helmoldo *Lib. I. Cap.* 47. vt alii Nordalbingi iure Saxonico viuebant, ius suum ab Henrico Leone accepisse videntur, confirmatum postea a Fridrico I. Imp. Anno MCLXXXIII. Arn. Lubec. *Chron. Slau. II*, 35. Quod enim alii pro *iure Susatiae* apud Arnoldum rescribi iubent *iura Holsatiae*, alii per illud intelligunt *legitimam consuetudinem potestatemque vtendi* *pascuis, lignisque in comitatu Nordalbingiae*, id tam ſolide profligatum eſt ab Henr. Meibomio *Introd. ad Hiſt. Sax. Inf. p.* 81. & Mollero *Iſag. ad Hiſt. Cherſ. Cimbr. IV*, 6. vt actum agere nolimus. Caue vero, id quod hodie obtinet, ius Lubecenſe vetus & ſincerum exiſtimes **. Vidi ego in Bibliotheca Hoffmanniana Codicem MSC. membranaceum antiquum, lingua vetere Saxonica ſcriptum, in quo iſtud ius & ab hodierno diuerſiſſimum, & multo breuius illo ſiſtitur. Conſtabat enim articulis CCLXXI. alio plane ordine diſpoſitis, quam qualem hodie in iure Lubecenſi obſeruamus. Fuſius de hoc quantiuis pretii codice, aliisque qui paſſim memorantur Codicibus MSCtis ſingulari programmate egit amiciſſimus Hoffmannus. *Francof. MDCCXXXI.*

* Equidem ex iure Sueogothico, tamquam fonte, promanaſſe ius Lubecenſe nuper oſtendere voluit V. C. Chriſt. Nettelblatt in *Diſſ. de fontibus iuris Lubecenſis.* Sed quum pleraque communia habeant Gothicae illae & Germanicae leges, dicere malim, vtramque gentem talia a maioribus accepiſſe, vt non opus ſit fingere, Lubecenſes ius ſuum ex Septemtrione petiiſſe, de quo plane ſilent annales. Nec magis verum eſt, eſſe hoc ius Slauicum vel Venedicum, quum Suſato cum Venedis nihil vmquam commune fuerit.

** Collectio, qua hodie vtimur, facta eſt auſpiciis Senatus, a Io. Ludinghauſen Coſ. Calixto Schein, Syndico, Gottſchalco de Sliten, Senatore, excuſaque Lubecae a Io. Balhorn. *Anno MDLXXXVI.* Eodem quidem anno Ioach. Kolius, Conſul Crempenſis ex Codice MSC. ius Lubecenſe Hamburgi publicauit:

fed & haec, & ſi quae exſtant, aliae antiquiores editiones, in foro nullius amplius vſus ſunt. Conf. Ern. Ioach. Weſtphali *diſſ. de Origine & fontibus iuris Lubecenſis, eiusque vſu, auctoritate, elogio & ſubſidiis.*

§. LXXXIX.

Statuta Hamburgenſia.

Eumdem fuiſſe IVRIS HAMBVRGENSIS fontem, diplomata euincunt apud Lambecium, in quibus ipſis ſaeculo XIII. conceditur *antiqua iuſtitia Lubecenſium*, vel *vt fruantur iure Suſatenſium & Lubecenſium*, quae iam alii attulerunt. Hinc ſimillimae olim fuere Hamburgenſium & Lubecenſium leges, vt Thraciger, Hamburgenſium Syndicus, ſcribere non vereatur ad annum MCCXCII. *Biſz auf dieſe Zeit hat die Stadt Hamburg gebraucht Lübiſch Recht, als hiebe vor iſt angezeigt.* Quum vero hoc ipſo anno Adolphus, Gerardus, Io. Henricus & Henricus, Holſatiae Comites vrbi *concederent & donarent ius tale, quod vulgo Köhre dicitur, ſtatuta mandare, & edicta promulgare, ſecundum placitum eorum, pro vtilitate & neceſſitate ciuitatis, & reuocare eadem, quotieſcumque & quandocumque ipſis viſum fuerit expedire:* Lambec. *Orig. Hamb. II. n.* 471. vſi ſunt eo iure Hamburgenſes, &, vt denuo verbis Thracigeri vtamur, *nachdem ſie angeregtes priuilegium erlanget, haben ſie ihr eigen Recht gefaſt, welches mehrentheils aus gemeinen Sächſiſchen Rechten gezogen, und in folgenden Zeiten etliche mal vermehret und verbeſſert iſt* *. Attamen & ante ſaeculum XIII. quaedam exſtitiſſe iuris Hamburgici ſtamina, oſtendit V.

Cl. Mich. Richey *in Historia Statutorum Hamburgensium Cap. I. §. 5. sequ.* qui & alia huc pertinentia plena manu serit.

* Hodierna Statuta Hamburgensia nouissime reuisa sunt publicataque anno MDCIII. quamuis postea & nouae leges, veluti *die Gerichts Ordnung* & varii recessus accesserint. At exstat in Bibliotheca Ludewigiana Codex MSC. lingua Saxonica scriptus, & glossis illustratus, *insigne iuris antiqui Germanici, a iure Romano adhuc minus infecti, monimentum*, iudice illustri Boehmero, qui & specimina quaedam dedit in *Diss. de Aeris alieni inter coniuges Hamburgenses communione*, edita Hal. MDCCXXVIII. 4.

§. XC.

At latius patuit iuris Lubecensis, quam Hamburgensis, vsus. Illud enim in Pomerania, Ducatu Magdeburgico, Saxonia inferiore, Holsatia, & Slesuicensi Ducatu, nec non Prussia & Liuonia a multis ciuitatibus oppidisque receptum est, quorum recensum prolixum instituunt Io. Sibrandus *ad Ius Lubec. Part. I. Sect. 5. & 10.* Meu. *ad Ius Lubec. Prol. quaest. II. n. 23.* Moller. *Isagog. I, 2.* Werlhoff. *Specim. Iur. Germ. Diss. III. p. 202.* Quin ex eodem & Weichbildo Magdeburgico conflatum ineunte saeculo XIV. videtur IVS CVLMENSE *, quamuis posterioris, puta iuris Weichbildici, principia magis redoleat. Vid. Hartknoch. *Diss. XVII. de iure Pruss. §. 14. sequ. & in Alt- und Neu- Preussen. Part. II. Cap. 7. §. 3. p. 549.*

Iuris Lubecensis vsus quam late patuerit. Vnde ius Culmense.

* Culmia condita anno MCCXXXII. ab Herman-

manno de Balcke Ordinis Pruſſici magiſtro. Inſequente anno Hermannus de Salza, ſupremus Ordinis Teutonici magiſter, Thorunenſibus, & Culmenſibus dedit priuilegium famoſiſſimum Culmenſe, in quo diſerte illis vrbibus indulgetur, vt iure Magdeburgico vtantur. Hartknoch *in Alt- und Neu-Preuſſen ibid.* §. 5. Attamen circa aurifodinas ius Sileſiacum; circa argentifodinas Fribergenſe obſervari iuſſum. Recepta etiam quaedam ex iure Flandrico, veluti in menſuris agrorum, ſucceſſione coniugum. Denique & ipſi Magiſtri ordinis vrbi ſpecialia quaedam iura & ſtatuta dederunt. Ex his omnibus demum ius Culmenſe confectum, quod ex vetere MSC. primus edidit Henr. Stroband Burggrauius & Conſul Thorunenſis *anno MDLXXXIV.*

§. XCI.

Statuta Aquisgranenſia & Colonienſia.

Antiqua porro ſunt iura municipalia COLONIENSE & AQVISGRANENSE, quae iam *Ius Weichb. art. I.* laudat. Colonienſium iura ac conſuetudines iam anno MCCXXIX. confirmauit Henricus Archiepiſcopus, & anno MCCXLII. Fridricus II. Imp. apud Lunig. *im Reichs-Archiu. Part. Spec. IV. Cont. p.* 341. Prodiere anno MDLXII. ſub titulo: *Abdruck und gemeiner Begriff der Policey-Ordnungen, Plebiſciten und Statuten der alten löblichen freyen Reichs-ſtadt Coelln* in quibus tamen Sigismundi aliorumque diplomata, ſaeculo XV. non antiquiora, ſtatim initio occurrunt. Aquisgranenſia ſtatuta an vmquam edita ſint ſcire me fateor cum ignariſſimis.

* Attamen Io. Noppius *in Chron. Aquisgr: Lib. III. n.* 18. *p.* 54. edidit Sigismundi Imp. *ſtatutum*

tutum anno MCCCCXXIII. de mobilibus ab intestato relictis & aedibus ruinosis. n. 19. *p.* 56. varia ciuium priuilegia ex libro scabinali *n.* 29. *p.* 71. *seq. Gesetze und Ordinantien des Churs. p.* 85. *Reformirte Chur Gerichts-Ordnung de anno* 1577. *No.* 30. *p.* 116. *Taffel des neuen Gesetz, auf Latein Tabulae nouae legis, genant, de anno* 1456. *die* 1. *Maii n.* 31. *p.* 122. *Vormunder versorger Ordnung de anno* 1574. *n.* 32. *p.* 129. *Reuision Ordnung eines Ehrw. Sendt-Gerichts*, & quaedam eiusdem generis alia.

§. XCII.

Antiqua praeterea sunt iura municipalia FRIBVRGENSIVM a Bertholdo IV. Zaringiae Duce anno MCLXX. data, itemque statuta GOSLARIENSIVM, condita anno MCCCXXX. teste fratre desideratissimo in *Antiqu. Goslar. IV. p.* 362. & edita a Leibnit. *Script. Rer. Brunsu. Tom. III. p* 484. *sequ.* BREMENSIVM anno MCCCIII. ab Oldenburgensibus petita. Gryphiand. *Weichb. Saxon. Cap. LXXVII.* BRVNSVICENSIVM apud Leibnit. *Tom. III. p.* 434. anno MCCXXXII. ab Ottone I. Duce praescripta, & alia, quorum recensum non admittit hoc compendium.

Nec non aliarum vrbium paullo antiquiora.

§. XCIII.

Id modo addo, hac tempestate in rebus nauticis inualuisse in vrbibus Hanseaticis vsum IVRIS WISBYENSIS, quod ipsum quoque originis Germanicae est, teste praefatione apud Leibn. *Tom. III. p.* 750. vbi haec occurrunt: *So sande man an Hertoghen Hinrike, enen Hertoghen over Beyern unde Sassen, de bestedig-*

Ius Wisbyense.

de uns den Vrede unde dit Recht, als et vore sin auder Vader Keyser Lothar ghegheven hadde. Saepius hoc ius Wisbyense prodiit: quod & apud exteros non leuis vsus est. At postea ipsae ciuitates Hanseaticae condiderunt *der erbarn Hansee Staedte Schiffs-Ordnung und See-Recht* *, quae constitutio vltimum recognita in conuentu ciuitatum Hanseaticarum publicata est die XXII. Maii MDCXIV.

* Immo Hamburgenses iam ab anno MCCXC. habuerunt ius nauticum singulare, & ab Hanseatico diuersum, quod edidit & notis illustrauit V. A. Langenbeckius *in denen Anmerckungen über das Hamburgische Schiff- und See-Recht*, vbi *p.* 2. ius illud maritimum antiquum vocat *der Stadt eigenes, und aus keinen andern ent See-Recht.* Ita & Lubecenses ius nauticum iuribus Hanseaticis antiquius, sibi esse perhibent. Andr. Lang. *de legib. naut. Cap. IX. p.* 61. Addatur V. C. Mich. Richey *Hist. iur. Hamb. Cap. I.* §. 9. *p.* 6.

§. XCIV.

An ideo ius Rom. & canonicum minora incrementa ceperit?

Tot igitur iuribus prouincialibus ac statutis in scripturam redactis, id quidem consequuti sunt Germani, vt iura patria non plane in exsilium agerentur: nec tamen ideo ius Romanum & Canonicum nulla in Germania cepit incrementa. Quin magis magisque quotidie inualuit, & ab eo maxime tempore, quo academiae supremaque imperii iudicia institui coeperunt, tantum auctoritatis consequutum est, vt paullatim pro iure communi habitum, & iudiciis, tamquam norma decidendi commendatum sit. Quod quomodo con-

contigerit, postremo huius libri capite distinctius ostendemus.

CAP. IV.

DE STATV IVRIS GERMANICI A CONDITIS ACADEMIIS AD NOSTRA TEMPORA.

§. XCV.

Simul ac in Germania institui Academiae coeperunt: praeter Theologos, Medicos, & Philosophos, etiam iuris vtriusque, CIVILIS & CANONICI, Professores publica auctoritate sunt constituti. Quod eo minus mirum cuiquam videbitur, quo certius constat, Germanos in condendis Academiis Italorum & Gallorum instituta esse imitatos *.

Constitutis Academiis, Professores vtriusque iuris publice docere coeperunt.

* Ad Parisiensis exemplum Carolum IV. instituisse Pragensem, obseruat Dubrau. *Hist. Boem. Lib. XXII. p.* 179. *edit. Freber.* Et Rupertus Senior, Comes Palat. Rheni, anno MCCCLXXXVI. profitetur, Academiam Heidelbergensem *ad instar studii Parisiensis a se fundatam*, eamque *regendam, disponendam, & regulandam modis & materiebus in vniversitate Parisiensi solitis obseruari, vt Parisiensis studii, vt pedissequa, vtinam digna! modis conuenientibus gressus imitetur.* Toeln. *Cod. Dipl. Palat. n. CLXXXIX. p.* 123. Sed & Ludouicum Ducem Bauariae, anno MCCCCLXXVII. in constituenda academia Ingolstadiensi Bononiensis & Viennensis vniuersitatis exemplum se prae oculis ha-

buiſſe, ait apud Hund. *Metrop. Salisb. Tom. II. p.* 291.

§. XCVI.

Et quidem iam ſaeculo XIV.

Academias vero Germania noſtra non demum ſaeculo quinto decimo habere coepit, ceu exiſtimauit Conring. *de Orig. Iur Germ. Cap. XXIV. p.* 147. ſed integro ſaeculo prius. In omnibus vero, quarum hiſtoria comperta eſt, ſtatim inſtituta eſt facultas, quam vocant, iuridica. Anno enim MCCCLXV. VIENNENSI vniuerſitati Vrbanus Papa id priuilegium concedit, *vt ſit ſtudium generale, illudque perpetuis temporibus ibi vigeat, tam in iuris CANONICI & CIVILIS, quam in alia qualibet licita, praeterquam theologica, facultate.* Lambec. *Bibl. Vindeb. II, 5. p.* 85. Idem circa annum MCCCLXXXVIII. ERPHORDIENSI academiae indultum eſt, teſte Conring. *de Orig. Iur. Germ. Cap. XXXI. p.* 91. nec non anno MCCCLXXXVI. HEIDELBERGENSI *, teſte diplomate Ruperti Senioris Com. Palatini apud Toeln. *Cod. Dipl. p.* 123. ac denique INGOLSTADIENSI anno MCCCCLXXVII. apud Hund. *in Metrop. Salisb. Tom. II. p.* 291.

* Attamen initio tres Doctores iuris tantum canonici Heidelbergae docuiſſe, legimus *in Chron. Magno Belg. p.*343. cui ſuffragatus Schilterus *de inueſtitura ſimult. Cap. III.* §. 2. per totum ſaeculum XIV. nullum ibi Profeſſorem iuris ciuilis fuiſſe, tradit. Id quod verum eſſe, deprehendi ex diplomate eiusdem Ruperti Senioris *n. CLXXXVI. p.* 128. in quo anno MCCCXCIII. recenſentur: *Meiſtere und Doctorn*

Doctorn und gute graduirte der Heil. Geschrifft und in geistlichen Rechten, und in der Artzney, die zu zyten in denselben Zweyn Künsten gekorn und gesetzt sind zu lesen, und auch lesent in der obgem Vniuersitaet, Iuris Ciuilis Professorum nulla facta mentione. At in Viennensi academia iam anno MCCCLXXXIX. vtriusque iuris Professores fuerunt. Eo enim anno condita facultatis iuris canonici & ciuilis statuta, quae exhibet Lambecius *in Bibl. Vindeb. p.* 164.

§. XCVII.

Itaque fieri non potuit, quin saeculo sequente iam vbique magnus esset Doctorum vtriusque iuris prouentus, qui in Principum palatiis, curiisque, & iudiciis illustrioribus vbique regnabant, caussasque ad iurium illorum peregrinorum principia decidebant, & omnem denique mouebant lapidem, vt ius patrium magis magisque supprimeretur. Sic in aula Caroli IV. *Bartolus de Saxoferrato*; Dubrau. *Hist. Boem. XXII. p.* 181, Struu. *Hist. Iur. XII*, 38. *p.* 535. in aula Sigismundi Imperatoris *Georg. Fiscellus*, I. V. D. summa auctoritate pollebat. Sub eodem & duobus insequentibus Imperatoribus, Alberto & Friderico, cancellarii munere functus est *Casp. Schlick.* Aen. Sylu. *Hist. Boem. Cap. III.* Quin hic postremus in consilium suum fere solos Iurisperitos adoptauerat, ac proinde in diplomate, quo anno MCCCLXXV. quemdam Adolphum Gegener Doctorem iuris renunciauit, id se facere professus est, *de adsensu & consilio DOCTORVM & SAPIENTVM*

Hinc magnus Doctorum numerus in aula Imperatorum.

TVM curiae suae. Itter. *de Grad. Acad. Cap. VI.* §. 20. *p.* 162. Quamuis fatendum sit Fridricum III. Imp. *mediocriter dilexisse iurisperitos, quod iuris aequitatem diceret ab iis inuerti, iustitiamque foedari**. Cuspinian. *p.* 411.

* Communis tum illa querela, non aliunde orta, quam quod, inuecto paullatim in fora iure Romano tardius procedere lites animaduerterent, quam olim, quum vna alteraue dicta die finiretur controuersia. Tolerabilior vero Germanis videbatur breuis iniuria, quam tarda iustitia. Praeterea, quum eo tempore nondum sublata essent bella priuata, quibus iureconsulti quam maxime refragabantur, idem Germanis, maxime nobilioribus eueniebat, quod eorum maioribus, tempore Quinctilii Vari, vt mirarentur, legibus terminari lites, quae adhuc armis finitae fuerint. Vellei. Paterc. *Histor. Lib. II. Cap.* 118.

§. XCVIII.

Itemque in palatiis principum & vrbibus.

Imperatores imitati Principes & ordines imperii, & ipsi ICtos maximi faciebant, eorumque consilio & opera tum in administranda rep. tum in iure dicundo, vtebantur. Sic in aula Saxonica magni fiebant consilia *Iac. Radewizii*, Ienensis, Thuringi, I. V. D. & ordinis iuridici in academia Lipsiensi praesidis, vsque adeo, vt ei potissimum impetratam a Sigismundo Imp. Saxoniam, dignitatemque Electoralem, acceptam ferret Fridericus, Marchio Misniae. *Centur. Script. qui in Lips. Witteb. & Francof. acad. flor. num. XVII.* In Pomeraniam *Petrum Rauennatem*, eiusque filium, *Valentinum*, deduxerat Bogislaus X. Dux Pomeraniae. Conring. *de Orig. Iur. Cap. XXXII.* Comitiis Noribergensibus anno MCCCCLXVI. interfuere loco Treuerensis Ioannes Gemminger, Decret. D. loco Saxonis, Io. de Weisbach, D. Legati etiam Salzburgensis, Eistadiensis, Ratisbonensis, Bauari, Marchionis Brandenb. Landgrauii Hassiae, Lubecensium, Doctores fuere, apud Goldast. *Const. Imp. T. I. p. 217. sequ.* Quin & in ciuitatibus quibusdam praecipuis, Iurium Doctores tum Syndicorum & Consiliariorum officio functos esse, reperio *.

* Noribergensi enim Senatui saeculo XV. a consiliis fuit Gregorius Heimburg, sub initium Concilii Basileensis Doctor iuris creatus & fatis suis notissimus. Freher. *in Theatr. Vir. Doct. p. 795.* Eodem saeculo, immo & multo ante, etiam Francofurti ad Moenum fuere Syndici, iuris periti, qui eo saeculo *Pfaffen* vocabantur, quemadmodum hodienum in Gallia, Anglia, & Belgio, Clerici, *Clercken van Rechten*, audiunt, qui scripturas faciunt. Feltm. *de tit. hon. II*, 20, 9. Itterus enim *de Gradib. Acad. IX, 5. p.* 349. producit exemplum litterarum anno MCCCLXXVII. datarum, quibus Hermannus von Orbe, Licentiatus Decret. profitetur, quod a Senatu Francofurtano conductus sit Syndicus, (*dasz er Paff und Diener worden sey der Ersamen wissen Lude, des Rades vnd der Stadt zu Francenford*,) vbi Itterus recte obseruat, *Paffen* ibi esse Syndicos, qui tum & *Aduocati*, itemque ob honores academicos, quibus insigniti fuerint, *Meistere* fuerint adpellati.

§. XCIX.

Nec parum etiam iuris Romani & Canoni- Recessus Imp. ad

Leges Rom. attemperati, idque ius commendatum saeculo XV.

ci auctoritatem eo saeculo prouehebant Imperatores & Ordines, dum ipsi leges, quas dabant, ad vtriusque iuris placita attemperabant, quin & iura illa in iudiciis ac foris seruari lege publica iubebant. Talia plura occurrunt in Reformatione politica Sigismundi Imp. apud Goldast. *Const. T. I. p.* 188. Nam *Cap. IX.* legimus: *Es ist zu wissen, dasz hohe Fürsten, die grosse Land haben, noch fast Keyserliche Recht zu ihrem Theil halten.* Et *Cap. XIII. §. 5. Man soll an allen Haubtgerichten, do man über das Blut richten mag, haben ein Keyserlich Rechtbuch, dasz man richte nach Recht, und niemand unrecht beschehe.* Item §. 8. *Waer aber Sach, dasz in den Rechten iedwederm Theil zu kurtz beschech, desz ihn deucht, so mag man die Sach ziehen für einen geistlichen Meister,* (Doctorem Decretorum) *vnd einen weltlichen Meister,* (Iur. Ciu. Doctorem,) *die dazu benant werden, die Vrtheil zu sprechen.* Ita & in Auisamentis Constantiensibus de ann. MCCCCXVI. apud eumdem *T. I. p.* 151. *Cap.* r. & in Moguntinis de anno MCCCCXXVI. apud eumdem *p.* 160 *sequ. Cap. V.* aliquoties mentio fit *Corporis iuris & extrauagantium: Cap. IX. Doctorum & Licentiatorum Iuris Can. & ciuilis, & Baccalaureorum iuris vtriusque*, ad canonicatus admittendorum. Qualia a Friderico III. etiam profecta videmus apud Muller. *Reichs-Tags-Theatr. P. IV. Cap.* 41. & *P. IV. Cap.* 15. quae de iuris vtriusque auctoritate satis testantur.

§. C.

Animaduerterunt demum hoc saeculo principes, quanta strages immineat iuri patrio, ac proinde sub eodem Fridrico III. anno MCCCCXLI. id egerunt, vt lex publica, de doctoribus iuris plane abolendis in Germania, promulgaretur. Et exstat sane apud Goldast. *Part. I. des Reichs-Satz. p.* 166. eiusmodi Reformatio, in comitiis Moguntinis proposita, vbi *Art. V.* legimus: *Alle Doctores der Rechten, sie seind geistlich oder weltlich, im H. Roemischen Reich Teutscher Nation, sollen nach laut der fürgenommenen Reformation an keinem Gericht, bey keinen Rechten, auch in keines Fürsten oder andern Raethen mehr gelitten, sondern ganz abgethan werden: Sie sollen auch fürbas hin vor Gericht oder Recht nicht weiter reden, schreiben oder Rath geben* *. Et id momordisse arbitror Petrum de Andlo, eius aetatis ICtum, dum *Lib. I. de Imp. Rom. Germ. Cap.* 10. scripsit: *Leges Romanas nostra Alamannia proh dolor! in sua despicit insipientia.* Sed euentu caruit illud consilium, nec reliquis Ordinibus adrisisse videtur scriptum, quod Fridricus III. vel pauci quidam alii conceperant. Saltim neque perlata est illa lex durissima, neque vmquam exsequutioni mandata. Mansit iuri peregrino suus honor, & magis magisque creuit iurisconsultorum in Germania auctoritas.

Hinc Ordines Imperii de eo abolendo cogitarunt.

* Duriora sunt, quae in Declaratione sequuntur. Quemadmodum enim ibi locus relinquitur ICtis ternis in singulis academiis, ita

tamen, vt non nisi iura in imperio probata interpretentur, & consulti, ex iis respondeant: ita foro plane exesse iubentur, addita ratione: *Wann ihnen das Recht harter, dann den Leyer, verschlossen ist, vnd kan ihrer keiner keinen Schlüssel dazu finden, bisz beyde Theil arm werden, oder gar verdorben sind. Aber der Ley behelt doch den Schlüssel zum Rechten bey ihme, das man zu zimlicher zeit das Recht herfür bringen mag. Aus diesen Vrsachen kan man die Gelehrten in keinen Richten mehr leiden. Darzu seynd es nur besolde Knechte, vnd nicht Erbdiener des Rechtens.* Paullo post audiunt *Stieff-vaeter, vnd nicht die rechten Erben des Rechten.* Sed meretur illa Reformatio, in qua auctor in ICtos grauissime inuehitur, tota perlegi. Reperiet quisque, eam plane conuenire genio Fridrici III. Imp. quem parum dilexisse ICtos, iam supra vidimus. (§. XCVII.)

§. CI.

Saeculo XV. ius Romanum in foro pro norma haberi iussum.

Sub finem enim saeculi XV. & proxime insequente, ipsis imperii legibus frequenter ius Romanum pro norma esse iubetur, ita tamen, vt & iuris Germanici consuetudinumque patriarum praecipue habeatur ratio. Quin ipsas constitutiones Recessusque imperii, qui tum prodierunt, fere in plerisque ad iuris Romani normam accommodari animaduertimus. Id quod exemplis latarum a Maximiliano I. Imp. legum paucis demonstrabimus.

§. CII.

Quod patet ex legibus imperii sub Maximi-

Quum post longa molimina anno MCCCCXCV. Wormatiae de instituendo iudicio Camerali conuenisset: (Vid. Datt. *de Pace publ. IV, 1, 66. sequ.*) condita est prima ordinatio iudicii Cameralis, in qua §. VI. mentio fit iurisiurandi *de calumnia & malitia vitanda, prout de iure*, ab aduocatis praestandi: & in §. XX. iudex & adsessores circa adpellationes ab interloquutoriis decernere iubentur secundum ius ciuile, (*wie das in Keyserlichen Rechten geordnet und begriffen ist.*) Eodem anno Imperator edidit constitutionem contra blasphemos, in qua breuiter recenset sanctionem Nouellae LXXVII. Iustiniani, quem vocat *seinen Vorfahren am Reich loeblicher Gedaechtniss.* Quumque anno MD. Augustae Ordinationem Camerae emendare placuisset: §. VIII. receptum est ius Romanum, quod nepotes in stirpes iure repraesentationis cum parentum suorum fratribus & sororibus ad aui auiaeque hereditatem admitti iubet, *nach laut gemeiner geschriebener Keyserlicher Recht, der Gewonheit, so an etlichen Orten darwieder seyn moecht, vnangesehen &c.*

liano I. latis.

§. CIII.

Anno MDVII. Ratisbonae prodiit noua Cameralis iudicii forma, cuius nullus est titulus, nullus paragraphus, in quo non ius ciuile & canonicum, eorumque glossae, itemque Cynus, Panormitanus, Bartolus, Baldus, Speculator, Rofredus, similesque heroes, vtramque paginam faciant. Sequuta est anno MDXII. *Constitutio de Notariis*, in cuius §. I. statim hi suo munere fungi iubentur. *nach Inhalt gemeiner Rechten oder loeblicher Gewohnheit vnd Gebrauch ieder Orts:* deinde

In primis ex Ordin. iud. cam. MDVII. & Constitutione de Notariis.

§. III. forma instrumentorum praescribitur, *wie dieselbe von gemeinen Rechten*, (*Nou. XLVII. LXXIII. & LXXIV.*) *Brauch, Vbung vnd Gewonheit eingeführet ist.* Titulus porro de Testamentis totus ex iure Romano desumtus est *, addita §. XII. clausula: *Es sollen auch alle Notarien des Wissens haben, welche obgemeldte form der Testamenten, als aus Keiserlichen Gesetzen gegeben, mit Fleiss zu halten säumig waeren, dass die zudem, dass die Testamenta, so anders gemacht würden, von Keyserlichen Rechten nicht bestaendig seyn, die Peen des Rechten darum zu leyden, sich nicht enthalten moegen.*

* Ita tamen vt, qui constitutionem illam in chartam coniecerunt, plus videantur glossae, quam ipsi iuris textui tribuisse. Exemplo insigni de militari testamento, in cuius forma describenda glossam magis quam veteres leges sequuti sunt, id probari potest quam luculentissime. Doctrinam vero veterum iurisconsultorum & glossatorum hic diligenter contulit Vigl. Zuichem. *in Comment. ad §. I. Inst. de milit. test.*

§. CIV.

Nec non ex Constitutionibus Caroli V. Imp.

Multo magis itaque Carolus V. iuris Romani vsum in Germania firmare studuit. Sane anno MDXXI. in *recessu Wormatiensi §. XVII. sequ.* cauetur, primo vt nepotes neptesque in stirpes auo auiaeque succedant, cum parentum suorum fratribus & sororibus: deinde vt fratrum sororumque liberi vna cum defuncti fratribus sororibusque iure repraesentationis admittantur: abolitis consuetudinibus contrariis. Qua de re & ſingulare edictum paullo poſt per imperium promulgatum eſt. Denique vt de caſu, vtrum fratrum ſororumque liberi, ſi ſoli ſint, in capita, an in ſtirpes ſuccedant? a Regimento imperii deciſio promulgetur. Sic & anno MDXXIX. *in Edicto contra anabaptiſtas* edito reiterationem baptismi morte luendam monet, (*daſs in Keyſerlichen Geſetzen die Vmbtauffung bay ſtrafe des Todes verbothen.*) Vbi ſane provocat *ad Tit. C. ne ſacr. bapt. iteretur* *.

* Equidem Conr. Sincerus, id eſt, illuſtris Culpiſ. *in Diſſert. Epiſtolica* §. *LXXX.* per verba *des Reichs gemeine Rechte*, intelligenda putat iura Germanica, per *gemeine Rechte*, vel *Kayſerliche Rechte*, ius ciuile Romanum. Sed expenderunt iam hanc ſententiam Strijk. *Diſſ. prooem. vſ. hod. pand.* §. *XXV.* Datt. *de Pace publ. IV, I,* 117. *ſequ.* Thomaſ. *Cautel. circa praecogn. Iur. eccleſ. cap. XXII.* §. 4. *ſequ.*

§. CV.

Paullo poſt anno MDXXXII. in comitiis Ratisbonenſibus promulgata eſt CONSTITVTIO CRIMINALIS CAROLINA, in qua paſſim iudices ad ius Romanum remittuntur, *auf die Keyſerliche beſchriebene Rechte: Art. CXVII.* & *CXXXV. auf die Keyſerlichen Rechte: Art. CXXI.* Quin *Art. CIV. CXVIII.* & *CXX.* ius ciuile vocatur *die Satzungen Vnſerer Vorfahren, vnd Vnſer Keyſerlichen Rechten.* Quae eo magis notanda videntur, quo certius hodie conſtat, conſtitutionem illam criminalem tum non primum natam, ſed ex antiquioribus ordinationibus & *proiectis*, vt

Praecipue Conſtitutione Criminali.

vocant, compilatam esse *. Thomas. *Diss. de occas. concept. & intent. Constit. Crimin. Ludouic. Praefat. Comm. in Const. Crim. & Kress. Praefat.* §. *XIII. seq.*

* Existimabat illustris Thomasius, constitutionem criminalem descriptam fere esse ex Georgii Episcopi Bambergensis Constitutione criminali, quippe quae iam MDVIII. prodierit, sub titulo *Bambergische Hals-Gerichts- und rechtliche Ordnung in Peinlichen Sachen*, & saepius postea recusa, anno MDX. MDXXXI. & MDXLIII. & nouissime a D. Ludouici, & criminali Carolinae in plerisque similis. Sequutus virum illum celeberrimum est laudatus D. Ludouici, qui constitutionem Bambergensem nostrae veluti parentem facit, sororem vero Brandenburgensem, quam *anno MDXVI.* publicarunt Georgius & Casimirus, Marchiones Brandenburgenses, ipse vero D. Ludouici cum Bambergensi itidem recusam dedit. At praeclare demonstrauit V. C. Io. Paullus Kressius *praef. Comm. in Const. Crim.* §. *XV. sequ.* primam constitutionem Criminalem confectam esse a Maximiliano I. Imp. & quidem iam anno MCCCCXCV. quamuis fortassis auctoritatem publicae legis non habuerit. Ex hac ergo pleraque decerpsisse primum anno MDVIII. Georgium Episc. Bambergensem, deinde anno MDX. Vdalricum Tenglerum, Ducalem Altipolensis prouinciae praesidem (*Landvoigt zu Hochstedt*) *im Layen-Spiegel*, de quo videndus coniunctissimus olim collega, Hoffmannus in *Differt. de insign. defect. Iurispr. Crimin. Germ. Cap. I.* §. 18. *p.* 36. *sequ.* anno MDXVI. Georgium & Casimirum Marchiones Brandenburgenses, ac denique anno MDXXXII. Carolum V. Imp.

§. CVI.

Quamuis vero ex his ſatis adpareat, nihil reliqui factum eſſe ſub Maximiliano I. & Carolo V. vt ius Romanum & Canonicum iuris communis nomine in imperio reciperetur: ſemper tamen ſimul cautum eſt, vt foris ideo non extorres eſſent leges ac conſuetudines patriae, quippe quae fere ſemper nominatim confirmantur in conſtitutionibus Imperii. Maximilianus I. *in Ord. iud. Camer. anno MCCCCXCV. Ein ieder ſoll ſeine Vnterthanen in ordentlichen Gerichten, Rechten vnd Obrigkeiten laſſen vnd halten, nach eines ieden Fürſtenthums, Herrſchafft vnd Oberkeits Herkommen vnd Gebräuchen.* Et Carolus V. *in Ord. MDXXI.* Adſeſſores iureiurando obſtringi iubet, vt iudicent; *nach redlichen ehrbaren vnd Laendiſchen Ordnungen, Statuten vnd Gewohnheiten der Fürſtenthümer, Herrſchafften vnd Gericht, die vor ſie bracht werden.* Id quod deinde ſaepe numero repetitum eſſe, iam ab aliis obſeruatum eſt. Vid. *Conſtit. Crim. Car. praefat. & Art. CXL.*

Non tamen penitus repudiatum ius Germanicum.

§. CVII.

Quin eo factum eſt, vt, ſi quando iuris Rom. vſus ordinibus obtruderetur paullo importunius, hi interpoſitis proteſtationibus, iura patria ſibi reſeruarent. Ita Electorem Saxoniae proteſtatum nouimus, leges de ſucceſſionibus ab inteſtato iuri Saxonico fraudi non futuras *. Speidel. *in Speculo ſub voce Sachſen-Recht.* Thomaſ. *Diſſert. de poteſtate legiſlat.*

Potius proteſtationes interpoſitae, quoties id actum.

Stat. Imp. contra ius commune §. *LI. sequ.* Quumque Nemesis Carolina multa ex iure communi sanxisset, similem protestationem interposuere multi Imperii Ordines, in primis Elector Brandenburgicus, Elector Palatinus, & hi quidem omnes ex ea ratione, quod iuribus patriae ea constitutione derogatum vellent Imperator & ordines. Kress. *Praefat.* §. *XXI. sequ.*

* At sunt, qui hanc protestationem vocant in dubium. Obseruauit enim collega olim coniunctissimus Chr. Gottfr. Hoffmannus *diss. de Ioachimi I. Elect. Brandenb. Constitut. de Success. p.* 92. hanc protestationem non a Fridrico Electore, sed a Georgio Duce Saxon. interpositam esse, nec eam ad ipsam constitutionem de iure repraesentationis, sed ad controuersiam de iure παιδεῖαι, quae tum inter Saxones & Bauaros gliscebat pertinuisse. Vtcumque se res habeat: certum sane est id ius tum Saxones non recepisse, nec hodie illud omnes admittere.

§. CVIII.

Status iuris Germanici & Romani sub sequentibus Imperatoribus.

Eadem iuris facies fuit & sub Ferdinando I. omnibusque insequentibus Imperatoribus. Quum enim & Camerale iudicium, deficientibus legibus & constitutionibus patriis, iura communia sequeretur, idque ipsis in omnibus ordinationibus, & maxime postrema *anno MDCLIV.* iniungeretur: *Part. I. tit.* 13. §. 1. & *P. III. tit.* 53. §. 9. & idem postea Iudicio Aulico ab Imperatoribus praescriberetur *, ipsi quoque Imperii Recessus, quoties de iure priuato vel modo procedendi forensi aliquid sanciunt, fere semper iuri Romano vel Canonico suffragentur: facile est ad intelligendum, magis magisque inualuisse iuris communis auctoritatem, ita tamen, vt sua in primis iuribus ac consuetudinibus patriis constaret auctoritas.

* De ordinationibus variis huic iudicio praescriptis (*von Rheichs-Hoff-Raths-Ordnungen*) ex instituto egit Er. Mauritius *de Iudic. aulico* §. *XIX.* Prima est Ferdinandi I. Augustae MDLIX. promulgata; postrema Ferdinandi III. Ratisbonae anno MDCLIV. publicata, in qua *Tit. VII,* 21. Consiliarii Aulici iurare iubentur *auf des Reichs Constitutionen vnd Satzungen, nebst den gemeinen beschribenen Rechten*, & in fine tituli §. *XXIV.* praecipitur, *dass das Corpus Iuris Civilis & Canonici allezeit auf der Reichs-Hoffraths-Taffel seijn solle, damit man sich derselben gebrauchen koenne.*

§. CIX.

Prouinciae quaedam repudiato iure patrio sese Romano submiserunt, veluti Frisia.

Ast quod ad ordines & prouincias vrbesque Germaniae attinet, eorum aliis diligentior patrii iuris mansit custodia, alii repudiato illo, Romano se plane submiserunt. Exemplo praeiuerat sub initium saeculi XVI. FRISIA, de qua V. A. Zach. Huber. *in praef. Obseru. Rer. Iud. Cent. I. Exortis diu post bellis plus quam ciuilibus, quibus per omne saeculum decimum quintum concussa & turbata fuit Frisia, procax haec licentia miscuit eam, & quidquid ibi iuris legumque superfuerat, e medio sustulit: donec tandem Saxoniae Duces,* ALBERTVS & GEORGIVS, *quorum ille belli, hic pacis artibus sua aetate in Germania maxima laude clarue-*

runt, *gentem factionibus diuisam*, *armis efferatam humanarum diuinarumque legum nesciam*, *ac insolentem*, *rerum potiti*, *in ordinem redegerunt*, *constituta ciuili reip. forma*, *& stabilita*, GEORGII *potissimum opera*, *curia suprema*, *cui datum id negotii fuit*, *vt ius Romanum tamquam suae iurisdictionis principium certum vnice sequeretur*, *ad dirimendas ciuium lites quotidianas* *. Conf. Vbb. Emm. *Hist. Fris. Lib. II.*

* Idem Vir amplissimus testatur, Frisios posthaec ea lege se submisisse Carolo V. Imp. *vt ius fori redderetur*, *secundum praescripta legum Romanarum*, idque sibi eos pacto conuento esse stipulatos. Praesens etiam ipse obseruaui, sanctissime ibi coli Themidem Romanam, ipsaque Statuta Frisiae anno MDCCXXII. reuisa & locupletata pauca superaddere, quae a iure illo communi longius recedant.

§. CX.

Marchia Brandenburgica.

Ita & in MARCHIA BRANDENBVRGICA repudium iuri Saxonico missum anno MDXXVII.; quo IOACHIMVS I. Elector edidit Constitutionem de successionibus ab intestato, & in praefatione fatetur, se cum consensu Ordinum omnes constitutiones, priuilegia & consuetudines abrogasse, iisdemque Ordines omnes renunciasse. Et quamuis Scabinatum Brandeburgensem confirmet, eum tamen iubet pronunciare secundum illam constitutionem, *vnd in andern Sachen nach beschriebenen Kayserlichen Recht*. Idem factum & anno MDXXXIV. *in dem Landes-Reuers* *.

Reliquos imitati sunt NOVAE MARCHIAE Ordines, vt profitetur Ioannes Marchio *im Land-Tages-Abschied* anno MDXXXIX. Et quamuis ius Saxonicum relinqueretur *denen Woichbildern, Crossen, Cotbuss, Zullichaw & Sommerfeld*, diserte tamen excipiuntur *die beyde Articuli, die Succession vnd Erbfaelle belangend.*

* Verba Reuersalium in Codice meo MSCto variorum Recessuum Marchicorum ita se habent: *Vnd weil bievormals die Staendte vnser Landschafft sich eintraechtiglich mit vns vereiniget, dass hinfürder in vnserm Churfürstenthum vnd Landen Kayser-Recht gehalten vnd gesprochen soll werden, derowegen sich vnsere Praelaten, Herren, Mann vnd Staedte aller Gebraeuch vnd Gewohnheiten voriger Gericht vnd Rechtens verziehen vnd abgesagt: so ordnen und wollen wir, dass hinfürder in Erbtheilungen kein Heergewedde, Gerade noch Musstheil soll genommen, noch gegeben werden, besondern in dem vnd andern allen Kayser-Recht dergestalt, wie hiebevor in vnser aufgerichten Constitution vnd Ordnung der Erbfaelle geordnet, durch iedermänniglich solle gehalten werden.* Idem deinde saepius sancitum veluti in recessibus prouincialibus MDXXXVIII. & MDLXXII.

§. CXI.

Idem de terris BRVNSVICENSIBVS & LVNEBVRGENSIBVS contigit. In illis iam saeculis XIV. & XV. *geradam* seu *Frawenradam* Saxonicam Helmstadii esse abrogatam a Magno Duce Brunsuicensi, & Ioanne & Bertholdo, Abbatibus Werthinensibus & Helmstadiensibus, Martino denique Papa Ducatûs Brunsuicensis & Luneb.

V. & Fridrico III. Imp. ostendit celeberrimus Io. Andr. Schmidius, *de Helmst. per Frawenradam adflicto p. 6. sequ. vbi p. 30.* addit, in vniuerso Ducatu Brunsuicensi & Calembergensi consuetudinem illam demum anno MDCXXV. sub Fridrico Vlrico, Duce esse abrogatam. Sed quod ad ipsum ius Saxonicum attinet, illud satis constat, multo ante, saeculo XVI. ab Henrico iuniore esse repudiatum, surrogato in eius locum iure Romano *. Conring. *Orig. Iur. Germ. Cap. XXXII. p.* 203. Hahn. *praef. Obs. ad Wesenbec. p.* 18.

* Quumque Brunsuicum, ciuitas, ius Saxonicum mordicus adhuc tenuisset: ea potiti Duces Brunsuicenses & ibi illud plane aboleuerunt. Constitutionem Rudolphi Augusti Duc. Brunsu. & Luneb. anno MDCLXXV. ea de re editam recenset Strijk. *Diss. prooem. Vs. Mod. Dig.* §. *XXX.*

§. CXII.

Aliaeque Germaniae prouinciae.

Eadem iuris Saxonici fata in aliis prouinciis fuerunt, veluti in POMERANIA & ducatu MECLENBVRGICO, (vid. Cothmann. *Vol. I. Consil. 26. n. 219. seq.*) nec non iuris Sueuici in ducatu WVRTENBERGICO, vbi iudicibus negotium datur, *so nicht andere redliche vnd ehrbare Gewonheiten vorhanden, nach des H. Reichs-Rechten gleich zu richten. Wurtemb. Hoff-Gerichts-Ordn. Part. I. tit.* 9. Qualia & in aliorum principum ordinationibus & constitutionibus passim legas. Vid. *Erneurte Anhalt. Canzley-Ordn.* §. *XXVII. Magdeb. Policey-Ordn. in praef.* quod eo minus mirandum, quo magis conſtat, ne in ipſa quidem Saxonia iuris Saxonici totius vſum ſupereſſe, ſed ipſos Saxonum prudentes fateri, illud valere, quatenus ſit receptum. Hartm. Piſtor. *Quaeſt. I*, 16, 21. *II*, 13, 82. *II*, 25, 35. *II*, 26, 17. Carpzov. *Proceſſ. XII*, 1, 15. Coler. *de Proceſſ. Exſequut. in praefat.*

§. CXIII.

Quae iuris Romani incrementa haud parum adiuuit felix illa temporum reparatio, qua ſub initium ſaeculi XVI. purior doctrina Chriſtiana veluti reuiuiſcere in Germania coepit. Quo minus enim iuri Canonico fauere poterant proteſtantium theologi, quod Lutherus flammis abſumere non dubitarat: eo magis euehebant ius Romanum. Vid. Luth. *Comm. ad Geneſ. XXIV*, 1. *Tom. IX. Alt.*

Reformatio religionis iuris Rom. incrementa adiuuit.

§. CXIV.

Denique obſeruandum, omnes fere principes Germaniae a ſaeculo XVI. edere coepiſſe varias leges prouinciales inſcriptas, *Land-Rechte*, *Policey-Ordnungen*, *Hoff-Gerichts-Cantzley*, *Proceſs-Gerichts-Ordnungen*, *Kirchen-Conſiſtorial-Ehe-Ordnungen*, & innumeras huius generis alias. Idem fecere ciuitates tum imperiales, tum municipales, in quibus paſſim condita varia *Statuta*, *Reformationes*, & *Willkühre*, quorum pleraque & principes territoriorum rata habuerunt. In his paſſim ſuperſunt quaedam iuris Germanici reliquiae, at multa vbique de nouo ſanci-

Varia iura prouincialia & ſtatuta.

ta, pleraque ex iure Romano in illa translata animaduertimus.

§. CXV.

De vſu iurium cum patrii tum peregrinorum Regula I.

Iam ex his facile patet, quid de vſu iuris Romani & Germanici poſt tot eximiorum ICtorum concertationes tenendum videatur. Receptum ſane eſſe ius Romanum, & quidem tamquam ius commune & ſubſidiarium, nemo temere negauerit, quum ipſa experientia id ſatis demonſtret. Ac proinde primo loco tenendum I. *eum, qui iure illo nititur, eatenus firmo ſatis fundamento niti, neque ad receptionem probandam eſſe obſtrictum.*

§. CXVI.

Reg. II. & III.

At quum recepto iure Romano, non ideo in exſilium plane actum ſit ius patrium: conſequens eſt, II. *vt primo omnium ſecundum ius Germanicum pronunciandum, eoque demum deficiente, Romanum in ſubſidium ſit adhibendum:* III. *vtque adeo bene illi ſibi ſuisque ſtudiis conſulant, qui IVRIS ROMANI & PATRII differentias mature inueſtigant.*

§. CXVII.

Reg. IV. & V.

Enimuero iam ſupra oſtendimus, Capitularia Regum Francorum, multoque magis leges Wiſigothorum, Burgundionum, Salicam, Ripuariam, Baiuuariorum, Alamannorum, Saxonum, Angliorum, Werinorum, Friſiorum, Langobardorum, iam ante plurima ſaecula exoleuiſſe, ex eoque colligimus IV. *non eſſe ius Germanicum ex illis priſcis Germanicarum gentium legibus aeſtimandum* *. Quin

quum

quum hae gentes diuersissimis maximam partem vsi sint consuetudinibus: ex eo facile vnusquisque animaduertit, V. *laterem eos lauare, qui ex tam diuersarum gentium legibus, & institutis, quae principiis diuersissimis nituntur, corpus & systema aliquod iuris Germanici consui posse, sibi persuadent.*

* Itaque ius Germanicum hodiernum, cuius passim reliquiae supersunt, egregie quidem illustrari potest ex his aliisque gentium Germanicarum legibus: sed qui illis vsum forensem hodie tribuunt, illis probatio incumbet, omnes illas leges iam olim in Germania vniuersa receptas fuisse. Quod quum vel cogitare absonum est & multo magis absurdum erit, ex iure Wisigothico vel Burgundionum ostendere velle, quale e. g. in hoc tractu Germaniae ius patrium olim viguerit.

§. CXVIII.

Multo maior quidem pro iure Saxonico & Alamannico praesumtio est, quia illud in inferiore; hoc in superiore Germania maximae fuit auctoritatis. Sed, quum iura illa, alibi desuetudine exoleuisse, alibi lege publica abrogata, & nusquam plane tota recepta esse, demonstratum sit: per se patet, VI. *iura illa citantem non habere fundatam intentionem, nisi eorum vsum in ea prouincia, in hoc vel illo capite, superesse ostenderit.* Quid? quod VII. *ne in Saxonia quidem allegatio iuris Saxonici alicuius momenti sit, nisi vel vsus probetur, vel de eo aliunde iam satis constet.* Reg. VI. & VII.

§. CXIX.

Itaque satis patet VIII. *multos inuehi in ius Romanum, multos iuris Germanici vsum mirifice* Reg. VIII. IX. X.

rifice commendare, qui quale sit illud ius Germanicum, quod tantopere commendant, scire cum ignarissimis videntur. Eosdem vero IX. *incredibile damnum inferre reipublicae, dum ius Romanum certum & a tot saeculis magno studio excultum, manibus iuuenum extorquere conantur, neque tamen ius patrium certius, & quod pro norma tuto sequi possint, illis ostendunt.* Ex quo sane verendum, X. *ne demum plane omnis iuris certitudo in scholis & foro tollatur.*

§. CXX.

Reg. XI. XII. & XIII.

Vt ergo pateat, quale sit istud ius Germanicum, cuius primo omnium in dirimendis litibus rationem esse habendam diximus: sciendum XI. *esse quasdam consuetudines Germanorum vniuersales*, v. g. pacta nuda producere obligationem & actionem, liberos per separatam oeconomiam exire patria potestate, &c. *quas tuto sane sequimur, etiamsi nulla scripta lege firmatae sint, nisi probetur, eas quibusdam casibus legibus restrictas esse.* Deinde XII. *multa Germanorum instituta passim confirmata esse statutis & legibus Germanorum, immo ipsis aliquando recessibus imperii*, e. g. confirmationem tutorum, *quae itidem nulla probatione indigent:* denique XIII. *passim vigere consuetudines particulares, nulla lege scripta firmatas*, e. g. ius congrui, paroemiam: maior diuidit, minor eligit, *quarum vsus ex actuum conformium frequentia merito probandus est.* Tales sunt veteres Germanorum consuetudines, quas collegerunt Schottelius, *von unterschiedlichen Rechten in Teutschland*, & Struu. *Hist. Iur. VI*, 34. *seq.*

§. CXXI.

§. CXXI.

Si tale nihil occurrat, XIV. *merito ad ſtatuta topica, & his deficientibus, ad iura prouincialia reſpicitur, in quibus multa quis latere videbit iuris patrii λείψανα *, quae ſiue adhuc ſincera ſint, ſiue iuris Romani laciniis deformata, pro norma eſſe, debent iudicibus.* Multoque minus quisquam dubitabit, XV. *quin ſicubi ſtatuta & iura prouincialia ius Romanum in vno alteroue capite mutant, in iſta iuris patrii diſpoſitione ſit adquieſcendum.* Reg. XIV. & XV.

* Sic multa paſſim in Statutis reliqua ſunt ex iure Alamannico & Saxonico. De hoc nemo dubitarit, qui iura prouincialia Magdeburgica, Halberſtadienſia, Anhaltina perlegerit. De Alamannico iam obſeruauit Goldaſtus *in Praef. der Reichs-Satzungen: es ſey der Schwaben-Spiegel bey den Schwaben in Schwaebiſchen Gebieten, als Algoewern, Schweitzern, Pündinern, vnd Burgundiern, noch zu guten Theil im Schwanck, vnd in ihre Statuta gezogen.* Vnde a ſcopo aberrauit V. C. D. Steph. Chriſtoph. Harprecht, dum *Speculi Sueuici* non vſum demonſtraturus, multa ICtorum reſponſa corraſit, ſuper quaeſtionibus, *vtrum Ius Feudale Alamannicum publice doceatur, & in decidendo pro norma habeatur, an ius feudale Langobardicum?* Quamuis enim nec publice doceatur, nec in Reſponſis allegetur; multa tamen ex eo vel moribus adhuc obtinere, vel lege ſcripta confirmata eſſe, nemo dubitat.

§. CXXII.

Deficientibus eiusmodi ſtatutis, iuribusque prouincialibus, XVI. nihil reliquum eſt, quam *vt ius Romanum in ſubſidium adhibeatur.* Reg. XVI. & XVII.

Id

Id quod etiam XVII. *de* IVRE FEVDALI LANGOBARDICO *intelligendum, quippe vna cum Corpore Iuris Iustinianei simul recepto, tamquam iure feudali subsidiario*, si consuetudines feudales patriae deficiant.*

* Schilterus *ad Ius Feud. Alam. Cap. XL.* §. 4. 5. producit duo diplomata Ruperti Palatini, Regis Rom. in quorum vtroque *mentio fit consuetudinum feudorum, vsuum scriptorum & non scriptorum, praesertim Capituli Naturales in rubrica, si de feudo controuersia fuerit, collatione X. in libro feudorum.* Germanice: *Des Gesetzes vnd Gewonheit in Kayserlichen Lehn-Rechten begriffen, vnd in dem Capitel, das anfahet Naturales der Rubricen, ob vmb Lehn zweytracht waere.* Vtrumque diploma datum est anno MCCCCIX.

§. CXXIII.

Reg. XVIII. Attamen nullum est dubium, quin XVIII. *ea, quae Ius Romanum sancit, ad ius publicum Rom. pertinentia, nec non quae principiis Romanorum, reip. nostrae parum concinnis, nituntur, nullum in foris nostris vsum habeant, nisi recepta esse probentur.* Quamuis hic Io. Ottonem Taborem aliosque dissentire, non ignoremus.

§. CXXIV.

Reg. XIX. Denique XIX. IVS CANONICVM *in protestantium foris, non nisi quatenus receptum est, valere, eiusque vsum in caussis praecipue ecclesiasticis, matrimonialibus, & processu, quem vocant, forensi superesse,* iam ab aliis, & praecipue illustri BOEHMERO, Academiae nostrae ornamento ἐξ ἐπαγωγῆς, seu *per inductionem*, ostensum est in opere eximio *de iure ecclesiastico Protestantium.*

FINIS.

INDEX
RERVM ET VERBORVM LOCVPLETISSIMVS.

Primus numerus designat Librum, alter Paragraphum, Asteriscus Additamentum.

Ap-

B.

Coe-

ximus

Dio-

Fi-

Iu-

Le-

LEGVM ROMANARVM RECENSIO.

LEGVM GERMANICARVM RECENSIO.

M.

Ma-

FINIS.

JOHANN GOTTLIEB HEINECCIUS
EIN KURZES NACHWORT

I.

Wenn der große Geschichtsschreiber der deutschen Rechtswissenschaft, RODERICH STINTZING, noch 1880 vermerken konnte, Heineccius sei *„unter den deutschen Juristen des 18. Jahrhunderts vielleicht der bedeutendste, jedenfalls derjenige, welcher den umfassendsten Reichthum gelehrten, namentlich historischen Wissens mit gediegener philosophischer Bildung verband*“[1], so sind spätere Zeiten ihm in diesem Urteil offenbar nicht gefolgt: Abseits von lexikalischen Beiträgen[2] und einigen verstreuten Hinweisen in den großen Werken zur Geschichte der europäischen Rechtswissenschaft von HELMUT COING[3] und MICHAEL STOLLEIS[4], hat lediglich ERNST LANDSBERG in der Bearbeitung der ebenfalls von

---

1 Roderich Stintzing: Art. J. G. H., in: ADB, Bd. 11 (1880), S. 361-363, hier S. 362.

2 Rolf Lieberwirth: Art J. G. H., in: NDB, Bd. 8 (1969), S. 296f.; Emilio Bussi: Art. H. (Familie), in: HRG, Bd. 2 (1978), Sp. 55-57; Klaus Luig: Art. J. G. H., in: Michael Stolleis (Hg.): Juristen. Ein biographisches Lexikon. Von der Antike bis zum 20. Jahrhundert, S. 289f. – natürlich auch Stintzing: Art. J. G. H. (wie Anm. 1). Jüngst Hiram Kümper: Art. J. G. H., in: BBKL, Bd. 25 (2005), Sp. 553-558.

3 Helmut Coing: Europäisches Privatrecht, Bd. 1, München 1985, vgl. S. 477, 517, 540, 542 und öfter.

4 Michael Stolleis: Geschichte des öffentlichen Rechts in Deutschland, Bd. 1, München 1988, vgl. S. 288 und 304.

STINTZING begründeten *Geschichte der deutschen Rechtswissenschaft* einiges Neues, aber auch einiges Falsches zu Heineccius zusammengestellt.[5] In seiner Bewunderung für jenen allerdings steht er STINTZING kaum nach.[6] Die *'biographische Einführung in die Geschichte der Rechtswissenschaft'* von KLEINHEYER und SCHRÖDER verweist ihn in den Anhang der Kurzbiographien.[7] Der von KARL LUIG angekündigte Beitrag im Band zum Wieacker-Symposium von 1994 ist leider nie erschienen.[8] Erst mit der deutschen Übersetzung der *Elementa Iuris Naturae et Gentium*, welcher der Herausgeber CHRISTOPH BERGFELD weitere Arbeiten über Heineccius folgen ließ[9], ist jener wieder in das breitere Blickfeld

---

5 Roderich Stintzing / Ernst Landsberg: Geschichte der deutschen Rechtswissenschaft, III/1 (Text), München / Leipzig 1898, S. 179-198 – die ältere Literatur über Heineccius wird nachgewiesen in Bd. III/1 (Noten), S. 122ff.

6 Allerdings lehnt er es entschieden ab, Heineccius *„unter den deutschen Juristen des 18. Jahrhunderts den ‚bedeutendsten' zu heißen"*, vgl. Landsberg: Rechtswissenschaft, III/1: Texte (wie Anm. 5), S. 197.

7 Gerd Kleinheyer / Jan Schröder (Hgg.): Deutsche und Europäische Juristen aus neun Jahrhunderten, 4. erw. Aufl., Heidelberg 1996, S. 428f.

8 Luig: Art. J. G. H. (wie Anm. 2), S. 290.

9 Christoph Bergfeld: Pufendorf und Heineccius, in: Fiammetta Palladini / Gerald Hartung (Hgg.): Samuel Pufendorf und die europäische Frühaufklärung. Werk und Einfluss eines deutschen Bürgers der Gelehrtenrepublik nach 300 Jahren (1694-1994), Berlin 1996, S. 225-235; ders.: Staat und Gesetz, Naturrecht und Vertrag bei Grotius und Heineccius, in: Jean-François Kervégan / Heinrich Mohnhaupt (Hgg.): Gesellschaftliche Freiheit und vertragliche Bindung in Rechtsgeschichte und Philosophie (Ius Commune, Sonderhefte, Bd. 120), Frankfurt a. M. 1999, S. 95-119.

gerückt.[10] Dieses neu erwachte Interesse hat sich auch in zwei Nachdrucken späterer (deutscher) Heineccius-Bearbeitungen des 18. Jahrhunderts niedergeschlagen[11], denen nun der vorliegende Band beitritt. Jüngst hat dann ROBERT FEENSTRA einen umfangreichen und zugleich den ersten bibliographischen Beitrag vorgelegt, der nicht nur für seinen niederländischen Untersuchungsbereich tatsächliche Vollständigkeit beanspruchen kann, sondern auch sonst die erste Referenz für bibliographische Informationen zu Heineccius darstellt.[12]

II.

Was wir über die Biographie des Rechtsgelehrten wissen, verdanken wir in der Hauptsache[13] dem *Commentarius de vita fatis ac scriptis beati partentis* seines Sohnes JOHANN CHRISTIAN GOTTLIEB, den dieser der von ihm besorgten Werkausgabe des Vaters vorausschickte.[14] An ihr

---

[10] Johann Gottlieb Heineccius: Grundlagen des Natur- und Völkerrechts, hrsg. von Christoph Bergfeld, übers. von Peter Mortzfeld (Bibliothek des deutschen Staatsdenkens, Bd. 2), Frankfurt a. M. / Leipzig 1994.

[11] *Anfangsgründe des bürgerlichen Rechts nach der Ordnung der Institutionen* und *Akademische Reden über die Elementa iuris civili* (Ius Commune: 100 Jahre Bürgerliches Gesetzbuch, Bd. 14 und 15), beide Goldhagen 1998.

[12] Robert Feenstra: Heineccius in den alten Niederlanden. Ein bibliographischer Beitrag, in: The Legal History Review 72 (2004), S. 297-326.

[13] Zuvor bereits eine knappe Darstellung bei Gabriel Wilhelm Götte: Das jetztlebene gelehrte Europa, Braunschweig ^{2}1735, S. 73f.

[14] Johann Gottlieb Heineccius: Opera Omnia in IX tomos distributa, curravit J. Ch. G. H., Bd. 8, Genf 1744 – sie taucht um einige Zusätze vermehrt

orientieren sich alle späteren Darstellungen[15] wie auch die zwar in weiten, aber nicht allen Teilen verlässliche Zusammenfassung bei LANDSBERG.[16]

Heineccius wurde am 11. September 1681 im thüringischen Eisenberg als Sohn des dortigen Oberlehrers JOHANN MICHAEL HEINECKE († 1692) und der DOROTHEA HEINECKE, eine Tochter der angesehenen Rats- und Kaufmannsfamilie PRÜFER, geboren. Prägenden Einfluss gerade auf die Jugendjahre hat aber nach dem frühen Tod des Vaters vor allem sein älterer Bruder JOHANN MICHAEL HEINECCIUS (1674-1722)[17], zunächst Pastor zu Goslar, später in Halle und seinerseits ein bekannter Theologe, mitunter gar einer der Väter der deutschen Sphragistik[18], ausgeübt. Nach Abschluss der Elementarbildung am Eisenberger Gymnasium nahm Heineccius zunächst 1698 das Studium der

---

wieder auf vor den *Recitationes in elementa juris civilis secundum ordinem Institutionum*, Breslau 1765.

15 An älteren biographischen Arbeiten sind vor allem Johann Christian Koppe: Erneuertes Andenken des ... Johann Gottlieb Heineccius. Ein Beytrag zur Litterärgeschichte, zur Ankündingung seiner Vorlesungen geschrieben, in: Magazin für die gesamte Rechtsgelahrtheit, 1 (1789), S. 71ff. und 188f. und Gustav F. Hänel: Lebensskizzen einiger in Sachsen außerhalb Leipzig geborenen Juristen. Festschrift für Carl Georg Wächter, Bd. 2, Leipzig 1877, S. 10f. zu nennen.

16 Landsberg: Rechtswissenschaft, III/1: Text (wie Anm. 5), S. 179-181 (mit den Noten III/1, S. 122-124).

17 Jakob Frank: Art. J. M. H., in: ADB, Bd. 11 (1880), S. 363 – seine Autobiographie hat Johann A. Schmidt 1709 in Helmstedt herausgebracht.

18 Seine *De veteribus Germanorum aliaqrumque nationum sigilis*, Frankfurt a. M. 1709 ^{2}1729 ist eine der frühesten wissenschaftlichen Abhandlungen zur Siegelkunde.

Theologie in Leipzig auf, das er 1703 zum Abschluss brachte. Aus dieser Zeit, während derer er im Hause des kaiserlichen Hofrates SEIDENSTICKER zu Goslar wohnte, sind uns zwei kleinere theologische Schriften überliefert, die bereits deutlich historische Interessen zeigen.[19] Nachdem Heineccius 1703 den Grad eines Magisters der Theologie erworben hatte, sammelte er zunächst in Erwartung eines geistlichen Amtes Erfahrung auf der Kanzel.

Auf welche Weise und aus welchen Gründen Heineccius sich gegen die geistliche Laufbahn entschlossen und dem Studium der Jurisprudenz zugewandt hat, muss im Dunkeln bleiben. Jedenfalls ging er, zunächst als Hofmeister eines russischen Adeligen an die noch junge Universität Halle[20], wo er das Studium der Philosophie, u.a. bei BUDDE[21], der Rechtswissenschaften bei so großen Namen wie LUDEWIG[22], GUND-

---

19 Dissertatio de habitu et insignibus apostolorum sacerdotalibus, Leipzig 1701; Dissertatio de genuina nativitatis Christi aera ex nummis et inscriptionibus illustrata, Halle a. d. Saale 1702.

20 Allgemein zur Universitätsgeschichte vgl. Alfred Timm: Die Universität Halle-Wittenberg. Herrschaft und Wissenschaft im Spiegel ihrer Geschichte (Mitteldeutsche Hochschulen, Bd. 5), Frankfurt a. M. 1967, spezieller zur Gründungssituation 1694 und dessen Wirkung Notker Hammersein: Ius und Historie. Zur Geschichte des historischen Denkens an deutschen Universitäten im späten 17. und 18. Jahrhunderts, Göttingen 1972, S. 148-168 – vgl. auch die Beiträge in Rolf Lieberwirth (Hg.): Rechtsgeschichte in Halle. Gedächtnisschrift für Gertrud Schubart-Fikentscher (1896-1985) (Hallesche Schriften zum Recht, Bd. 5), Köln u.a. 1998.

21 Gustav W. Frank: Art. J. F. B., in: ADB, Bd. 3 (1876), S. 500f.; ders.: Geschichte der protestantischen Theologie, Bd. 2, Leipzig 1865, S. 214.

22 S. unten, S. VIII Anm. 35.

LING[23], BÖHMER[24], STRYK[25] und THOMASIUS[26] aufnahm. Noch zu Studienzeiten war Heineccius als Privatlehrer sowohl für philosophische als auch juristische Fächer tätig. 1707 entging ihm die Hallenser Professur für Rhetorik zugunsten LUDEWIGS, bereits 1708 wurde ihm jedoch zumindest eine der Fakultät angeschlossene Dozentur (*Adjunkt*) eingeräumt, die ihm den Weg zu einer akademischen Laufbahn öffnete: 1713 wurde er dann auch als ordentlicher Professor der Philosophie berufen, 1716 mit seiner Arbeit *de origine atque indole jurisdictione patrimonialis* zum Doktor der Rechte promoviert, wurde daraufhin 1720 außer-

---

23 Vor kurzem ist – leider nur online – eine umfassende Dissertation von Daniela Fischer: Nicolaus Hieronymus Gundling 1671-1729. Der Blick eines frühen Aufklärers auf die Obrigkeit, die Gesellschaft und die Gebildeten seiner Zeit, Trier 2004 [Diss. Univ. Trier 2002] erschienen.

24 Landsberg: Rechtswissenschaft, III/1: Text (wie Anm. 5), S. 145-149 (mit den Noten III/1, S. 89-92).

25 Zu Stryk sind zwei nun beinahe klassische Studien erschienen, zum einen Gertrud Schubart-Fikentscher: Erster Direktor der Halleschen Universität und ihre Gründung, Berlin 1961, zum anderen Guido Kisch: Samuel Stryk und die Baseler Juristische Fakultät, Basel 1960. Neuere Literatur bei Hanns Gross: Samuel Stryk. Between usus modernus pandectarum and pietism, in: Heiner Lück (Hg.): Recht – Idee – Geschichte. Festschrift für Rolf Lieberwirth zum 80. Geburtstag, Köln / Weimar / Wien 2000, S. 351-371.

26 Aus der ausufernden Literatur nenne ich nur das klassische Werk von Rolf Lieberwirth: Christian Thomasius. Sein wissenschaftliches Lebenswerk. Eine Bibliographie (Thomasiana, Bd. 2), Weimar 1955, an Neuerem den Sammelband von Manfred Beetz / Herbert Jaumann (Hgg.): Thomasius im literarischen Feld. Neue Beiträge zur Erforschung seines Werkes im historischen Kontext (Hallesche Beiträge zur europäischen Aufklärung, Bd. 20), Tübingen 2003 – dort auch Nachweis der neueren Literatur.

ordentlicher, bereits 1721 ordentlicher Professor der Rechtswissenschaft, Assessor der Hallenser Juristenfakultät und königlich-preußischer Hofrat.

Als 1723 die Rufe auf ordentliche Professuren nach Frankfurt/Oder und Franeker kamen, bedeutete das für die kleine Familie eine erhebliche Besserung der finanziellen Situation, war Heineccius zuvor als außerordentlicher Professor noch ohne festes Gehalt und auf die Vorlesungsgelder und Einkünfte aus praktischer juristischer Tätigkeit angewiesen. Er entschied sich zugunsten der Universität zu Franeker, wo er schließlich 1724 die Nachfolge JOHANN ORTWIN WESTENBERGS (1667-1737)[27] antreten sollte. Die niederländischen Universitäten übten zu dieser Zeit eine große Anziehungskraft gerade auf deutsche Studenten und Lehrende aus.[28] Wie das wissenschaftliche Klima dem der so genannten ‚eleganten Schule'[29] zugetanen Juristen, so musste der liberale, holländische Humanismus dem Menschen Heineccius reizvoll erscheinen, der wie sein älterer Bruder tiefe Abneigung gegen die Kasteiungen des Pietismus empfand. Hinzu kam die Tatsache, dass der niederländischen Jurisprudenz das Institut der Aktenversendung und der damit verbun-

---

[27] Kurzbiographie mit Schriftenverzeichnis bei Landsberg: Rechtswissenschaft, III/1: Noten (wie Anm. 5), S. 109f.

[28] Robert Feenstra / Christ Coppens (Hgg.): Die rechtswissenschaftlichen Beziehungen zwischen den Niederlanden und Deutschland in historischer Sicht, Nijmegen 1991, darin besonders den Beitrag von Michael Stolleis (S. 21-38), sowie Heinz Scheppen: Niederländische Universitäten und deutsches Geistesleben, Münster 1960.

[29] Zur *eleganten Jurisprudenz* vgl. Govaert C. J. J. van den Berg: Die holländische elegante Schule. Ein Beitrag zur Geschichte von Humanismus und Rechtswissenschaft in den Niederlanden 1500-1800 (Ius Commune, Sonderhefte, Bd. 148), Frankfurt a. M. 2002.

dene Arbeitsaufwand juristischer Spruchtätigkeit fremd waren[30], Heineccius sich also vollkommen seiner Lehr- und Forschertätigkeit widmen konnte.[31]

In diesen Jahren verband ihn eine tiefe Freundschaft mit seinem Kollegen und späteren Präsidenten des Hooge Raad van Holland, Zeeland en West-Friesland, CORNELIUS VAN BYNKERSHOEK (1673-1743).[32] Ihm widmet Heineccius auch den 1726 erschienenen Kommentar zur Augusteischen Lex Julia[33], seine wohl erfolgreichste wissenschaftliche Monographie.[34] Wiederholt verwendete jener sich für eine Berufung Heineccius' nach Leiden, die 1737 schließlich auch erfolgte, aber an der Ablehnung des preußischen Königs scheiterte. Insgesamt muss aber die Periode in Franeker als eine der fruchtbarsten in Heineccius' Gesamt-

---

30 Gerd Buchda: Art. Aktenversendung, in: HRG, Bd. 1 (1971), Sp. 84-87.

31 Willem B. S. Boeles: Frieslands Hoogeschool en het Rijks Athenaeum te Frauneker, Bd. 2, Leeuwarden 1889, S. 416-421. Zur Professur in Franeker jetzt auch Feenstra: Heineccius (wie Anm. 12), passim, besonders S. 301ff.

32 O. W. Star Numan: Cornelius van Bynkershoek, zijn leven en zejne geschriften, Leiden 1869, besonders S. 380-396; Feenstra: Heineccius (wie Anm. 12), S. 302 – eines der einflussreichsten der Bynkershoekschen Werke, die *Quaestiones Juris Publici* von 1737, sind nun in englischer Übersetzung unter <http://www.lonang.com/exlibris/bynkershoek/bynk-000.htm> verfügbar.

33 Johann Gottlieb Heineccius: Commentarius ad legem Juliam et Papiam Poppeam, Amsterdam 1726 – dazu Jörgs: Ueber das Verhältniß der Lex Julia de mar. ord. zur Lex Papia Poppaea, Bonn 1822, S. 2: „*Der Fortschritt gegenüber Gothofredus liegt in der Herbeiziehung eines reichen Materials* [...] *Auch sind in der eigentlichen Reconstruction manche Fehler des Vorgängers verbessert.*"

34 Vgl. zum Werk auch Heineccius: Grundlagen (wie Anm. 10), S. 518 und Feenstra: Heineccius (wie Anm. 12), S. 303.

werk angesehen werden. Dennoch ist er nicht lange in dort geblieben. Das seiner Konstitution ungünstige Klima, dem bereits 1725 seine Frau zum Opfer gefallen war, machte ihm einen längeren Aufenthalt wohl unmöglich.

Im Herbst 1725 kehrte Heineccius nach Deutschland zurück. Wohl auf Vermittlung des mittlerweile zum Kanzler berufenen JOHANN PETER VON LUDEWIG (1668-1743)[35] trat er an der Universität zu Frankfurt an der Oder die Nachfolge von BERNHARD HEINRICH REINHOLD (1677-1726)[36], eigentlich eine philosophische Professur also, an. 1731 wurde er zum Geheimen Rat im preußischen Staatsdienst ernannt. Seine Dienstbindung war es aber auch, die ihn dort nicht lange verweilen ließ: Bereits 1733 wurde er wider seinen Willen an die Universität Halle versetzt. Halle hatte zu dieser Zeit, vor allem seit der Vertreibung von WOLFF[37] und durch die Konkurrenz mit Göttingen, rückläufige Einschreibezahlen zu verbuchen[38], sodass man sich von einer Berufung Heineccius' einen Zugewinn an Reputation für die Universität erhoffte. Wie hoch die preußisch-brandenburgische Regierung den Ruf Heineccius' einschätzte, war bereits bei der Weigerung deutlich geworden, sei-

---

35 Zur Person vgl. Landsberg: Rechtswissenschaft, III/1: Noten (wie Anm. 5), S. 68f. – drei Briefe von Ludewig an Heineccius sind gedruckt bei Johann Ludwig Uhl: Sylloge nova epistolarum varii argumenti , Bd. 1, Nürnberg 1760, S. 672f. (Nr. 164-166).

36 Kurzbiographie bei Landsberg: Rechtswissenschaft, III/1: Noten (wie Anm. 5), S. 110; vgl. auch die Beyträge zur Kenntniß der Justizverfassung juristischen Litteratur in den preussischen Staaten 5 (1782), S. 214f.

37 S. unten, S. XX, Anm. 95.

38 Wilhelm Roscher: Geschichte der Nationalökonomik, München 1874, S. 351; Bergfeld: Nachwort zu Heineccius (wie Anm. 10), S. 518f.

ner Berufung nach Leiden stattzugeben.[39] Ähnliche Gründe verhinderten wohl auch den Ruf nach Utrecht.[40]

Wie widerwillig Heineccius dann nach Halle ging, zeigen seine unmittelbaren Bemühungen um einen Ruf an eine auswärtige Universität. Am 31. August 1741, noch während mit dem jungen König Friedrich II. von Preußen um die Entlassung zu Gunsten der WOLFF'schen Nachfolge in Marburg verhandelt wurde, aber verstarb Heineccius nach kurzer Krankheit unerwartet inmitten der Entlassungsverhandlungen aus dem preußischen Staatsdienst. Er ist in Halle beigesetzt worden.

III.

Heineccius sicherlich einflussreichstes und bekanntestes Werk sind die *Elementa juris civilis secundum ordinem Institutionum commoda auditoribus methodo adornata*, erstmals 1725 in Amsterdam und dann in zahlreichen Neuauflagen erschienen, derer allein drei (1728, 1731, und 1738) er noch selbst bearbeitete, zwei weitere (Amsterdam 1747 und Leiden 1751) erschienen posthum. Bereits zu Lebzeiten hat es aber auch rege Aufnahme und Bearbeitung im juristischen Lehrbetrieb er-

39 Numan: Cornelius van Bynkershoek (wie Anm. 32), S. 391 zitiert aus dem Schreiben König Friedrich Wilhelms an den Gesandten in Den Haag: „*Il n'est pas besoin d'ajouter à ces raisons celle qu le République n'a jamais trouvé à propos de m'accorder quelques fleugelmannes, qui auroient peutêtre su balancer quelques grands sçavans.*".

40 Uhl: Sylloge nova, Bd. 1 (wie Anm. 35), S. 518 (Nr. 121).

fahren[41]: So gab schon 1727 der hauptsächlich germanistisch arbeitende GUNDLING-Schüler JOHANN GEORG ESTOR (1699-1773)[42] – gegen den Willen von Heineccius allerdings – eine erste Ausgabe mit weiteren, aus der Erfahrung der eignen Vorlesungen gewonnenen Anmerkungen in Marburg heraus. ESTOR folgten JOHANN LUDWIG UHL[43], JOHANN CHRISTIAN WOLTAER (Halle 1785) und JOHANN MATTHIAS GESNER[44]. Nur noch Berührungspunkte bietet die sehr freie Bearbeitung von JOHANN PETER WALDECK.[45] Hinzu treten ferner FRANZ ALOYS VON ZELLER[46] und KARL GOTTLIEB KNORRE[47], die gar aus dem Vorlesungsbetrieb heraus Sekundärliteratur zum Heineccius'schen Lehrbuch vorlegten. Der umfängliche und erstmals in deutscher Sprache handelnde Kommentar von LUDWIG JULIUS HÖPFNER[48] schließlich erlangte selbst

---

41 Klaus Luig: Gli Elementa iuris civilis di J. G. Heineccius come modello per le 'Institutiones de derecho romano' de Andrés Bello, in: Fundación La Casa de Bello (Hgg.): Andrés Bello y el derecho latinoamericano, Caracas 1981, S. 259-274.

42 Landsberg: Rechtswissenschaft, III/1: Text (wie Anm. 5), S. 240-242, dazu Bd. III/1: Noten, S. 157-159.

43 Berlin 1762, Magdeburg 1764, Berlin 1765.

44 Leipzig 1740 ^{2}1748 ^{3}1758 - von Gesner stammt auch eine Neuausgabe der *Fundamenta Stili Cultioris in usum auditorii*, Leipzig 1743.

45 Institutiones iuris civilis Heineccianae, emendatae atque reformatae, Hannover 1788 ^{2}1794 ^{3}1800 ^{4}1806.

46 Franz Aloys von Zeiller: Praelectiones in Heineccii Elementa etc., adnexis praecipuis juris Austriaci differentiis, Wien 1781.

47 Karl Gottlieb Knorre: Observationes ad Heineccii elementa juris civilis secundum ordinem institutionum adornata quas ex schedis paternis, hrsg. von Ernst Friedrich Knorre (*Sohn*), Halle a. d. Saale 1758.

48 Zunächst unter dem originalen Titel als *Elementa juris civilis secundum ordinem Institutionum*, Gießen 1774, lediglich mit einer eigenen Vorrede

zahlreiche Neuauflagen, deren achte 1818 von ADOLF DIETRICH WEBER noch einmal ergänzt und überarbeitet, 1833 nochmals unverändert in den Druck gegeben wurde. Wieder zurück zum Urtext schließlich finden die nur vereinzelt ergänzenden Ausgaben von RICHTER (Leipzig 1797) und CHRISTIAN GOTTLIEB BIENER (Leipzig 1789 ^{2}1815). Neben diesen teils unautorisierten Ausgaben sind eine Reihe von qualitativ recht unterschiedlichen Vorlesungsmitschriften erschienen.[49] Verlässlich scheinen die von Heineccius' Sohn Johann Christoph herausgegebenen *Recitationes* (Breslau 1765 ^{2}1778 ^{3}1789)[50]. Zur breiten Wirkungsgeschichte dieser Schrift hat ausführlich FEENSTRA Stellung genommen[51], sie reicht bis zur Mitte des 19. Jahrhunderts und umfasst neben den deutschen und niederländische Neuausgaben (zuletzt Gent 1818) auch französische (Paris 1810) und spanische (Madrid 1830) Übersetzungen.

Solche Vorlesungsmitschriften sind auch zu anderen Themen, über die Heineccius las, publiziert worden. Einige Prominenz hat noch die erstmals 1742 anonym von JOHANN LUDWIG UHL (1714-1790)[52] veröffentlichte Mitschrift der 1734 gelesenen Veranstaltung über das Wechsel-

---

und weiteren Noten zu der Ausgabe von Estor (Marburg 1727, vgl. Anm. 42). Starke Umarbeitung in der Neuauflage 1778, die endgültige Form dann 1782 ^{2}1787 ^{3}1790 ^{4}1793 ^{5}1795 etc. – vgl. Koppe: Andenken (wie Anm. 15), S. 71ff.

49 Landsberg: Rechtswissenschaft, III/1: Noten (wie Anm. 5), S. 126f.

50 Vgl. die Besprechung bei Carl Ferdinand Hommel: Litteratura juris, Bd. 1, Leipzig ^{2}1779, S. 60 (über die Erstausgabe von 1765).

51 Feenstra: Heineccius (wie Anm. 12), S. 316-321.

52 Kurzbiographie und -kommentar zu dessen Ausgaben bei Landsberg: Rechtswissenschaft, III/1: Noten (wie Anm. 5), S. 306f.

recht (*ius cambialis*) erlangt.[53] War diese erste Ausgabe des auch um eine Reihe weiterer rechtshistorischer Editionen verdienten Mannes[54] noch „*recht mangelhaft*"[55], konnte die zweite, mittels einer weiteren Mitschrift durch UHLS Sohn redigierte Ausgabe von 1742 große Popularität erlangen: Allein sechs Neuauflagen, eine siebte mit Anmerkungen von CHRISTIAN GMELIN (Frankfurt a. M. / Leipzig 1779) sowie Übersetzungen in das Deutsche[56], Holländische[57] und Italienische sprechen eine beredte Sprache.[58] Die letzte italienische Ausgabe erschien noch 1886.[59] Nach §8 der preußischen Wechselordnung von 1775 galt Heineccius' Wechselrecht gar als subsidiäre Rechtsquelle.[60]

---

53 Elementa juris cambialis, Amsterdam 1734.

54 U. a. hat Uhl die weit verbreitete, vierbändige Ausgabe der Thomasischen Dissertationen (Nürnberg 1773-1780) besorgt. Eine Aufstellung seiner Editionen gibt Johann Georg Meusel: Das gelehrte Teutschland oder Lexikon der jetzt lebenden teutschen Schriftsteller, Bd. 14 (1815), S. 176f.

55 Landsberg: Rechtswissenschaft, III/1: Noten (wie Anm. 5), S. 130.

56 Anfangs-Gründe des Wechsel-Rechts, übers. von Georg Friedrich Müller, Halle a. d. Saale 1781.

57 Elementa iuris cambialis, übers. von Carl Conrad Reitz, Middelburg 1768 ^{2}1773.

58 Zum Einfluss Heineccius' in Italien vgl. das reiche Verzeichnis bei Maria T. Napoli: La cultura giuridica europae in Italia. Repertorio delle opere tradotte nel secolo XIX, Bd. 2, Neapel 1986.

59 Vincento Lanza: Elementa juris cambialis. Editio recentissima cum animadversionibus ad italici vigentis codicis leges, Neapel 1886.

60 Ustanowienia wzgl¸edem praw wexlowych od stanow zkonfederowanych rzeczpospolitey na Seymie zgromadzoney uczynione y do metryki grodu warszwaskiego podane dnia 13. kwietnia 1775. wedlug origynalu przedrukowane, Warschau 1775 – zum Einfluss Heineccius in Polen vgl. auch

Wie die *Elementa juris civilis* waren auch die zweibändigen, 1735 und 1736 in Halle erschienenen *Elementa juris Germanici tum veteris tum hodierni* nach der Systematik der Institutionen geordnet. Der Erfolg des Institutionslehrbuchs blieb ihnen aber versagt.[61] In dieser Schrift tritt Heineccius wohl am entschiedensten für den Wert des deutschen gegenüber dem des römischen Rechts ein.[62] Gewidmet sind die *Elementa* SAMUEL VON COCCEJI (1679-1755)[63], den LANDSBERG nun allerdings geradehin als einen *„unbedingten Verfechter des Römischen Rechts"* verstanden wissen will[64]. Man wird aber zumindest eingestehen müssen, das dieser von seinem Vater Heinrich den Gedanken, dass *„quod in caeteris juris disciplinis ratio praestat, id in jure publico Germaniae historia"*[65]

Janusz Sondel: Ze studiów nad prawem rzymskim w Polsce w okresie oswiecenia, Warschau 1988, S. 159.

61 Besonders kritisch Carl. F. W. Gerber: Das wissenschaftliche Princip des gemeinen deutschen Privatrechts, Jena 1846, S. 29f.

62 Eine Selbstdarstellung Heineccius' aus den Hallischen Intelligenz-Blättern von 1735 ist wiederabgedruckt bei Nicolaus H. Gundling: Collegium historico-litterarium oder ausführliche Discourse über die vornehmsten Wissenschaften und besonders die Rechtsgelahrtheit, Bd. 2, Bremen 1742, S. 1337f.

63 Aus der umfassenden Literatur zu Cocceji hier nur Ingmar K. Ahl: Art. Samuel von Cocceji, in: Stolleis: Juristen (wie Anm. 2), S. 137f.; Wolfgang Sellert: Samuel von Cocceji, ein Rechtserneuerer Preußens, in: JuS 1979, Sp. 770-773; H. Weill: Judicial reform in 18th-century Prussia – S. v. Cocceji and the unification of the courts, in: The American Journal of Legal History 4 (1960), S. 226-240.

64 Landsberg: Rechtswissenschaft, III/1: Text (wie Anm. 5), S. 188.

65 Heinrich von Cocceji: Juris publici prudentia, Frankfurt a. d. Oder 1695, Praefatio.

weitgehend übernommen hat. So weit ist COCCEJI von Heineccius, den man ohnehin trotz seiner antiquarischen Neigungen nicht als Germanisten bezeichnen wird können, also in der Tat nicht entfernt. Der Gedanke der Geschichtlichkeit als oberste Urteilsinstanz im deutschen *ius publicum* ist von der Reichspublizistik her gerade dem Natur- und Völkerrecht zentral geworden[66]. Und so beruft er sich ebenfalls in den *Elementa juris naturae et gentium* wiederholt und voller Bewunderung auf COCCEJI.[67] Auch LUIG betont zu recht diese Nähe.[68]

1733 war bereits die Erstauflage von Heineccius' *Historia juris civilis romani ac germanici* erschienen. Er selbst brachte noch 1740 eine stark vermehrte zweite Auflage in Leiden in den Druck. Diese Ausgabe liegt dem hier vorliegenden Nachdruck zu Grunde. JOHANN DANIEL RITTER (1709-1775)[69] ergänzte den ersten Teil dieser Leidener Ausgabe, also die römische Rechtsgeschichte bis auf Justinian (Lib. 1 cap. 6 §414) hin, bereits 1748, kurz nach Heineccius Tod. Seine Noten übernahm und ergänzte 1751 für den verbleibenden Stoff der Straßburger Rechtsordinarius JOHANN MARTIN SILBERRAD (1707-1760).[70] So vernichtend LANDSBERGS Urteil über diese zugefügten Noten ist, die „*bedenklich lang und banal*" seien, so wird zu recht auf den beigefügten Abriss der französischen Rechtsgeschichte hingewiesen, „*der zum ersten Male dieses*

---

[66] Manfred Friedrich: Geschichte der deutschen Staatsrechtswissenschaft (Schriften zur Verfassungsgeschichte, Bd. 50), Berlin 1997, S. 107f.

[67] Heineccius: Grundlagen (wie Anm. 10), S. 28, 34, 59 u.ö.

[68] Luig: Art. J. G. H. (wie Anm. 2), S. 289.

[69] Landsberg: Rechtswissenschaft, III/1: Text (wie Anm. 5), S. 231f. sowie zur Biographie Bd. III/1: Noten, S. 149.

[70] Straßburg 1751 ^{2}1765 – zur Person vgl. Erich Landsberg: Art. Johann Martin Silberrad, in: ADB, Bd. 34 (1892), Sp. 313.

dunkele Gebiet hell beleuchtet".[71] Mit RITTERS Ergänzungen hingegen, habe das Buch durch „*weitgreifende, stillschweigende Verbesserungen und Vervollständigungen von Citaten und Daten*" sowie der „*Zufügung neuer Noten, welche sachlich verbessern, nicht selten in einschneidender Weise* [...] *wesentlich gewonnen*".[72] Man wird Heineccius Rechtsgeschichte, vor allem den germanistischen Teil, jedenfalls zu den zeitgenössischen Standardwerken dieses Genres zählen können. Kaum eine der späteren Arbeiten bis in die Mitte des 19. Jahrhunderts, die sie nicht heranzöge. Eine von KARL KROESCHELL ins Gedächtnis gerufene juristische Auswahlbibliographie des Jahres 1775 empfiehlt neben der Schrift von JOHANN AUGUST BACH[73] zuvorderst Heineccius Rechtsgeschichte zum Studium der „*Geschichte der in Teutschland geltenden fremden und einheimischen Rechte*".[74] Über alle Maßen lobt sie auch GIBBON in seinem berühmten Werk über den Aufstieg und Fall des römischen Reiches, der ihr attestiert, sie sei „[a]*ttached to no party, interested only for the truth and candor of history, and directed by the most temperate and skilful guides*".[75]

---

[71] Landsberg: Rechtswissenschaft III, 1: Noten (wie Anm. 5), S. 128.

[72] Landsberg: Rechtswissenschaft III, 1: Text (wie Anm. 5), S. 232f. und Nova acta eruditorum (1754), S. 561-572 (online über die *Gallica*).

[73] Johann August Bach: Historia jurisprudentiae romanae quatuor libris comprehensa, Leipzig 1754; vgl. Landsberg: Rechtswissenschaft III, 1: Text (wie Anm. 5), S. 235f.

[74] Karl Kroeschell: Zur juristischen Studienliteratur im 18. Jahrhundert, in: Heiner Lück (Hg.): Deutsches Recht zwischen Sachsenspiegel und Aufklärung. Rolf Lieberwirth zum 70. Geburtstag (Rechtshistorische Reihe, Bd. 80), Frankfurt a. M. u.a. 1991, S. 151-163, hier S. 154.

[75] Edward Gibbon: The History of the Decline and Fall of the Roman Empire, Basel 1788, S. 185 (chap. XLIV par. 1), dazu auch Fn. 4: "*At the*

Zahlreiche Neuauflagen erlebten auch Heineccius größere, juristische Frühharbeit, das erstmals 1717 in Halle erschienene *Antiquitatum Romanarum jurisprudentiam illustrantium Syntagma*, deren sechste (Basel 1742) er noch selbst vorbereitet hatte[76], sowie die *Elementa juris civilis secundum ordinem Pandectarum*; erstmals 1727 im Druck erschienen. Die letzte, zwanzigste Ausgabe der Römischen Rechtsaltertümer erschien noch 1841 in Frankfurt.

Weniger erfolgreich – zumindest in Deutschland – waren dagegen die bereits erwähnten *Elementa juris naturae et gentium*[77], die sich zum einen dem von SAMUEL VON COCCEJI übernommenen Vernunftprinzip, zum anderen der Stoffordnung SAMUEL VON PUFENDORFS verpflichtet sehen[78]; BERGFELD macht auch den Einfluss des HUGO GROTIUS stark.[79] Hinzu tritt über alles das Prinzip der Liebe.[80] Bereits 1742

---

head of these guides I shall respectfully place the learned and perspicuous Heineccius, a German professor, who died at Halle in the year 1741, (see his Eloge in the Nouvelle Bibliotheque Germanique, tom. ii. p. 51 - 64.) His ample works have been collected in eight volumes in 4to. Geneva, 1743 -1748. [...]"

76 Landsberg: Rechtswissenschaft, III/1: Noten (wie Anm. 5), S. 127: „[...] *noch nach Papieren des Verfassers bereichert, eine der besten und sorgfältigsten älteren Editionen.*"

77 Alles Wesentliche zu diesem interessanten Werk in der kenntnisreichen Einleitung von Bergfeld in Heineccius: Grundlagen (wie Anm. 10), S. 509-532 – einige wichtige Korrekturen bei Feenstra: Heineccius (wie Anm. 12).

78 Landsberg: Rechtswissenschaft III, 1: Noten (wie Anm. 5), S. 190.

79 Bergfeld: Heineccius und Grotius (wie Anm. 9); Heineccius: Grundlagen (wie Anm. 10), S. 521ff.; vgl. aber auch E. Reibstein: J. G. Heineccius als Kritiker des grotianischen Systems, in: ZaöR 24 (1964), S. 236-264.

erschien die Schrift in einer englischen Übersetzung[81], von der durchaus gemutmaßt werden kann, dass sie im Zuge der dortigen staatsphilosophischen (und mithin auch handfesten) Auseinandersetzungen gegen THOMAS HOBBES zu Felde geführt werden sollte, dessen Ansicht vom *„homo hominem lupus est"* Heineccius' Liebesprinzip diametral gegenübersteht und den dieser schon vorher als *„philosophus profanus"* abtat, der *„Machiavellismum inculcavit; multi tamen mirifice placuit"*.[82] In Deutschland hat das Werk immerhin vier Neuauflagen erfahren, deren letzte 1768 erschien. Die Erstauflage von 1738[83] ist nun auch über den IBIS-Server des Bielefelder Digitalisierungsprojektes als Faksimile greifbar.[84] In Italien und Spanien haben die *Elementa* langfristiger nachgewirkt, die letzte spanische Ausgabe erschien 1789 in Madrid, in Venedig wurde das Werk gar 1829 noch einmal aufgelegt. Es waren dies jedoch *editiones castigatae*, gereinigte Ausgaben, in denen sämtliche der katholischen Kirche zuwiderlaufenden Passagen gestrichen worden waren.[85] Offenbar war der Wert der Schrift trotz seines protestantischen

---

80 Heineccius: Grundlagen (wie Anm. 10), S. 71 (§80): *„Liebe verstehen wir als das Streben nach dem Guten, verbunden mit dem Vergnügen, das wir aus seiner Vollkommenheit und seinem Glück schöpfen."*

81 George Turnbull: A methodical system of Universal Law – or, the laws of nautre an nations, written in Latin, translated and illustraed with notes and supplements, 2 Bde., London 1742 ^{2}1763.

82 Johann Gottlieb Heineccius: Praelectiones academicae in Samuel Pufendorffii ‚De officii hominis et civis', Berlin 1742, S. 11.

83 Dort noch, Bergfeld in Heineccius: (wie Anm. 10), S. 504 und S. 520 folgend, als zweite, überarbeitete Auflage bezeichnet; vgl. dagegen Feenstra: Heineccius (wie Anm. 12), S. 300 Fn. 28 und S. 326 (Nachträge).

84 <http://www.ub.uni-bielefeld.de/diglib/heineccius/elementa/>.

85 So z. B. die Kritik an Clemens XI. in II §120 – vgl. dazu Heineccius: Grundlagen (wie Anm. 10), S. 530f.

Urhebers anerkannt. So nennt auch CONSTANTIN SWIECICKIS in seinem 1788 in Madrid erschienenen Grundriss des Natur- und Völkerrechts Heineccius als denjenigen protestantischen Rechtslehrer, welcher der katholischen Lehre am nächsten käme.[86] 1837 erschienen gar zeitgleich zwei spanische Übersetzungen.[87]

Die *Elementa iuris naturae et genitum* waren Heineccius' letzte noch selbst herausgegebene, größere Schrift. Die reiche Dissertationsliteratur, die Heineccius hinterlassen hat, ist bei LANDSBERG größtenteils aufgeführt[88], leider nur zum kleinsten Teil kommentiert. Hier ist noch eine dankbare Aufgabe zu erfüllen.

Posthum sind neben dem bereits erwähnten Lehrbuch des Wechselrechts seine Bearbeitung des *Dictionarium jurdicum* von BRISSON[89], eine Konsiliensammlung[90] und zumindest die ersten drei Bände seiner bereits

---

86 Constantin Swiecicki: De iure naturae et gentium in genere et de iure belli et pacis in specie, Madrid 1788, S. 164.

87 Elementos des derecho natural y de gentes de Heineccio, corregidos y reformados por el Professor Don Mariano Lucas Garrido, traducidos al castellano por D. J. A. Ojea, Madrid 1837; Elementos des derecho natural y de gentes, por J. Gottlieb Heineccio, traducidos del latin al castellano por el presbitero Don Juan Diaz des Beaeza, Madrid 1837.

88 Landsberg: Rechtswissenschaft III/1: Noten (wie Anm. 5), S. 124ff.

89 Johann Gottlieb Heineccius: Barnabae Brissonii Dictionarium juridicum, 2 Bde., Halle a. d. Saale 1745.

90 Johann Gottlieb Heineccius: Volumen Consiliorum Decisionum ac Responsorum juris causas illustres complectens ex jure Germanico publico, feudali, matrimoniali, Halle a. d. Saale 1744.

1718 angekündigten[91] *Antiquitates Germanicae jurisprudentiam patriam illustrantes*[92] erschienen, wohingegen die anderen drei Bände dieses Großwerkes ungedruckt blieben.[93]

IV.

Charakteristisch für Heineccius ist sein methodischer, der sogenannte „*axiomatische*"[94] Ansatz. Dieser ist besonders scharf von der die zeitgenössische Rechtswissenschaft an vielen Fakultäten dominierenden Methode CHRISTIAN WOLFFS (1679-1754)[95] abzugrenzen, der unter

---

[91] Johann Gottlieb Heineccius: Antiquitates Romanarum syntagmata, Halle a. d. Saale 1719, Praefatio (datiert September 1718).

[92] Johann Gottlieb Heineccius: Antiquitates Germanicae jurisprudentiam patriam illustrantes, 3 Bde., Kopenhagen / Leibzig 1772-1773.

[93] Zu Würdigung und zum Verhältnis zu den *Elementa juris Germanici* vgl. Landsberg: Rechtswissenschaft III/1: Text (wie Anm. 5), S. 191f., zur Verzögerung der Drucklegung ebd., Noten, S. 131.

[94] Stintzing: Art. J. G. H. (wie Anm. 1), S. 363; Landsberg: Rechtswissenschaft III/1: Text (wie Anm. 5), S. 194f.; Luig: Art J. G. H. (wie Anm. 2), S. 289.

[95] Hagen Hof: Ch. W., in: Kleinheyer/Schröder: Juristen (wie Anm. 7), S. 446-455 und Tilman Repgen: Art. Ch. W., in: Stolleis: Juristen (wie Anm. 94), S. 675f. – Wolffs Hauptwerke sind sukzessive in Nachdrucken und 1962ff. in den „Gesammelten Werken" von Jean Ecole herausgegeben worden, eine weitgehend vollständige Bibliographie, die auch die kleineren Schriften nachweist, bislang aber nur bei Johann G. Gottsched: Historische Lobschrift des weiland hoch- und wohlgeborenen Herrn Christians des H.R. R. Freyherrn von Wolff, Halle a. d. Saale 1722.

dem Einfluss von LEIBNIZ[96] spätestens in seiner Hallenser Zeit zwischen 1706 und 1723, die syllogistische Deduktion („*Causal-Methode*") zu favorisieren und zu lehren begann.[97] Im Vergleich zu dessen Staatsrechtslehre[98] ist diese Methode, so einflussreich sie auch war, eher en passent behandelt worden. Eine umfassende Würdigung seines Ansatzes im Kontext seiner Zeit hat jedoch CAMPO bereits Ende der 1930er Jahre vorgelegt.[99] Der hohe Grad von Formalisierung, den WOLFF von der Leibnizschen Mathematik übernimmt – jene Methode, die glaube, „*jeden auch den simpelsten und selbstverständlichen Fundamentalsatz* [...] *beweisen zu müssen, wodurch sie in die geschmackloseste Breite geräth*"[100] – ist ihm nach dem Durchbruch der historischen Rechtsschule und ihrer mannigfaltigen Verästelungen im 19. Jahrhundert rückschauend oft zum Vorwurf gemacht worden. Unter seinen Zeitgenossen aber hat sie die höchste Anerkennung gefunden. Dabei geht WOLFF von drei materiellen Prinzipien aus: (1.) Der Notwendigkeit, (2.) der Zweckmäßigkeit

---

96 Hier ist v.a. Gottfried Wilhelm Leibniz: Meditationes de Cognitione, Veritate et Ideis (in den *Acta eruditorum* 1684) zu nennen – vgl. auch noch immer Hans-Peter Schneider: Justitia universalis. Quellenstudien zur Geschichte des „christlichen Naturrechts" bei Gottfried Wilhelm Leibniz (Juristische Abhandlungen, Bd. 7), Frankfurt a. M. 1967.

97 Dazu jetzt umfänglich Juan Ignacio Gómez Tutor: Die wissenschaftliche Methode bei Christian Wolff (Christian Wolff Gesammelte Werke, Abt. 3: Materialien und Dokumente, Bd. 9), Hildesheim 2004.

98 Sämtliche einschlägige Literatur bei Marcel Thomann: Ch. W., in: Michael Stolleis (Hg.): Staatsdenker im 17. und 18. Jahrhundert, 2. überarb. Aufl., München 1987, S. 257-283.

99 Mariano Campo: Christian Wolff e il razionalismo precritico, 2 Bde., Mailand 1939 (Nachdruck Heidelberg 1980); vgl. auch ders.: Sulla polemica tra JL e Christian Wolff, in: Verifiche 15 (1986), S. 43-89.

100 Stintzing: Art. J. G. H. (wie Anm. 1), S. 363.

und (3.) der (in der klassischen Formulierung KANTS) „*Zusammenstimmung des Mannigfaltigen*“[101], für WOLFF synonym für Vollkommenheit. Aus diesen Prämissen wird in streng syllogistischer Schlussfolgerung fortgeschritten. Es liegt auf der Hand, dass die Klarheit der Beweisführung, die schon in Leipziger Tagen viele Menschen zu den Predigten WOLFFS angezogen hatte, auf Kosten einer ermüdenden Breite der Argumentation gewonnen wird.

Gegen diese demonstrative Methode nun stellte Heineccius seine positivistische, die eine Anzahl praktischer, mehr oder minder empirisch gefundener Prinzipien des Rechts an die Spitze setzt, von denen „*theils analytisch, theils deducirend die ganze Lehre als ein natürlich zusammenhängendes Ganzes*“ erschien.[102] Axiome sind ihm, „*quo nomine propositiones ex definitionibus fluentes*“[103]; oder bereits früher: „*Quae inmediate ex definitione fluunt propositiones, si theoreticae sunt, axiomata, si practicae, postulata vocantur.*“[104] Bereits JOHANN JACOB MOSER hat darauf hin-

[101] Kritik der Urteilskraft §15 B45.

[102] Stintzing: Art. J. G. H. (wie Anm. 1), S. 363.

[103] Johann Gottlieb Heineccius: Elementa juris civilis secundum ordinem Institutionum, Amsterdam 1725, Praefatio.

[104] Johann Gottlieb Heineccius: Elementa philosophiae, Elementa philosophiae rationalis et moralis, ex principiis admodum evidentibus justo ordine adornata, praemissa est historia philosohica, Bd. 1, Amsterdam 1728, Kap. 1, §59.

gewiesen, dass Heineccius hier in ANTON FABER[105] einen methodischen Vorgänger hat.[106]

Außer in den *Elementa juris civilis secundum ordinem Institutionum* hat Heineccius diesen Ansatz besonders konsequent auch in den *Elementa juris Germanici* vorgeführt[107]: Zunächst sei das älteste deutsche Recht aus Quellen sämtlicher germanischer Stämme zu erschließen, wobei auch chronikalische und diplomatische Quellen eingeschlossen werden sollten. Aus den so gewonnenen Ergebnissen seien Axiome zu bilden, die ein allen deutschen Stämmen gemeinsames Recht verkörperten. Aus diesen Folgesätzen wiederum sei eine dogmatische Darstellung des noch gegenwärtig geltenden Rechts, sei es territoriales, städtisches oder allgemeines deutsches Recht, abzuleiten.
Diese Verbindung ist Heineccius gleich zweifach zum Vorwurf gemacht worden: Die unmittelbar folgenden Generationen der Rechtsdogmatik übten harte Kritik an der ihm unterstellten Vermischung von Dogmatik und Geschichte, während ihm die germanistische Rechtswissenschaft des 19. Jahrhunderts – geradezu im Umkehrschluss – vorwarf, bloß fragmentarische Antiquitätenforschung zu betreiben und den genuinen Geist des deutschen Rechts zu verkennen.

---

[105] Anton Faber: Jurisprudentiae Papinianeae scientia secundum ordinem Instiutionum, Lyon 1608.

[106] Johann Jacob Moser: Von der demonstrativen Lehrart im Staatsrecht, in: Moseriania, Bd. 1, Frankfurt a. d. Oder / Ebersdorff 1739, S. 60 (§8).

[107] Dazu Landsberg: Rechtswissenschaft III, 1: Text (wie Anm. 5), S. 188f.

In Frankfurt selbst war JOHANN WOLFGANG TRIER (1686-1750)[108], eigentlich Heraldiker, dann Nachfolger von MOSER als Primarius der Juristenfakultät, einer der entschiedendsten Gegner dieser Methode. An das Erscheinen der *Elementa juris civilis* knüpft sich seit 1729 ein Gelehrtenstreit an, der sich über mehrere Jahre, aber gänzlich ohne Beteiligung des Rechtslehrers selbst entspann.[109]

---

[108] Meusel: Lexikon (wie Anm. 54), Bd. 14 (1815), S. 133f. – Kurzbiographie bei Landsberg: Rechtswissenschaft III, 1: Noten (wie Anm. 5), S. 131f.

[109] Daniel Nettelbladt: Hallische Beyträge zu der juristischen gelehrten Historie, Bd. 1, Halle a. d. Saale 1735, S. 562.